Ilse Schultze
Greyhound und andere Windhundrassen

W0061509

 Herausgegeben unter dem Patronat
des Verbandes für das Deutsche
Hundewesen e.V., 4600 Dortmund

Ilse Schultze

Greyhound
und andere Windhundrassen

Praktische Ratschläge
für Haltung, Pflege und Erziehung

2., neubearbeitete Auflage
Mit 41 Abbildungen, davon 9 farbig

Verlag Paul Parey · Hamburg und Berlin

Die Kapitel „Ernährung" und „Gesundheit" wurden
von Dr. med. vet. Peter Brehm verfaßt.

Weitere Bände in der Reihe „Dein Hund"

Der Afghane · Airedaleterrier · Der Basset · Der Beagle · Bearded Collie · Berner Sennenhunde · Bernhardiner · Der Bobtail · Bouvier des Flandres · Der Boxer · Der Bullterrier · Der Cairn Terrier · Der Chihuahua · Der Chow-Chow · Collie und Sheltie · Der Dackel · Der Dalmatiner · Der Dobermann · Die Dogge · Der Foxterrier · Golden und Labrador Retriever · Große Münsterländer · Der Hovawart · Jack-Russell-Terrier · Der Kromfohrländer · Der Leonberger · Mischlingshunde · Der Mops · Neufundländer · Der Pekingese · Pinscher und Schnauzer · Der Pudel · Der Riesenschnauzer · Der Rottweiler · Der Deutsche Schäferhund · Schlittenhunde · Setter und Pointer · Der Shih-Tzu · Der Spaniel · Der Spitz · Terrier · Ungarische Hirtenhunde · West Highland White Terrier · Der Yorkshire Terrier · Dienst- und Gebrauchshunde · Dein Hund auf Ausstellungen · Dein Hund im Recht · Erziehung und Ausbildung des Hundes

Die Deutsche Bibliothek – CIP-Einheitsaufnahme

Greyhound und andere Windhundrassen : praktische Ratschläge
für Haltung, Pflege und Erziehung / Ilse Schultze. [Die Kap.
"Ernährung" und "Gesundheit" wurden von Peter Brehm verf.].
– 2., neubearb. Aufl., 6.–9. Tsd. – Hamburg ; Berlin : Parey, 1993
    (Dein Hund)
    ISBN 3-490-42312-7
NE: Schultze, Ilse

1.–5. Tausend 1984
6.–9. Tausend 1993 (Neubearbeitung)

© 1993 Verlag Paul Parey, Hamburg und Berlin
Anschriften: Spitalerstraße 12, D-2000 Hamburg 1; Seelbuschring 9–17, D-1000 Berlin 42
Satz: Westholsteinische Verlagsdruckerei Boyens & Co., Heide/Holst.
Druck: Druck- + Verlagshaus Wienand, Köln
Umschlaggestaltung: Evelyn Fischer, Hamburg
Printed in Germany
ISBN 3-490-42312-7

Vorwort

Wenn der Band nun in 2. Auflage erscheinen kann, so hat das sicher mehrere Gründe. Einmal sind die zahlreichen Windhundfreunde der früheren DDR in den Kreis der europäischen Liebhaber aufgenommen worden, zweitens konnte der „Deutsche Windhundzucht- und Rennverband e. V." gerade im Jahre 1992 sein 100jähriges Bestehen feiern und schließlich ist das Interesse an Natur, an Tieren und insbesondere an den attraktiven Windhunden immer weiter gestiegen, so daß ständig neue Freunde dieser Rassen gefunden werden.

Wenn mein Buch dazu beiträgt, daß immer weitere Kreise sich an diesen Hunden erfreuen, dann erfüllt es seinen Zweck.

Hamburg, im Herbst 1992   Ilse Schultze

Aus dem Vorwort zur 1. Auflage

Wer sich mit Windhunden, ihrer Geschichte und Wesensart beschäftigen möchte, wird auch auf eine Fülle von Literatur stoßen, die den meisten leider nicht mehr zugänglich ist. Schon Anfang dieses Jahrhunderts haben Kenner der Windhundrassen in den berühmten Zuchtbüchern des Deutschen Windhundzucht- und Rennverbandes so viel Wissenswertes geschrieben, daß ohne diese Unterlagen eine etwas eingehendere Kenntnis gar nicht möglich ist.

In England gibt es umfangreiche Bücher über die einzelnen Windhundrassen, ohne daß diese Werke jemals ins Deutsche übersetzt worden wären.

Schließlich wurde im vorletzten Jahrzehnt im mitteleuropäischen Raum gleich ein halbes Dutzend Bücher über Windhunde geschrieben und herausgebracht, allerdings stets über viele bekannte Windhundrassen berichtend.

Was fehlte, war die Beschreibung einer oder weniger Windhundrassen in einer Form, die auf der einen Seite Grundkenntnisse dieser Rassen vermittelt, andererseits auch dem Windhundbesitzer Neues über seine Rasse zu bieten vermag.

So habe ich mich bemüht, in diesem Sinne drei Glatthaarrassen einem Kreis von Interessierten vorzustellen – einmal als Anleitung für den Neuling, aber auch als Nachschlagemöglichkeit für den Besitzer und Windhundfreund, der über den Anfang hinaus insbesondere die lange und interessante Geschichte verfolgen möchte.

Hamburg, im Sommer 1984   Ilse Schultze

Inhalt

Geschichte des Hundes 9
Namensgeschichte – Geschichte des Windhundes

Der Greyhound 13
Entwicklung des Greyhounds und seine Typen – Die Tropfenform –
Äußere Erscheinung des Windhundes – Der Greyhound - Aussehen
und Wesen – Standard des Greyhounds

Der Whippet 28
Geschichte – Die ursprüngliche Verwendung des Whippets – Die
Verbreitung des Whippets – Das Wesen des Whippets – Standard des
Whippets – Der Rauhhaarwhippet

Das Italienische Windspiel 38
Geschichte des Windspiels – Der Alte Fritz und seine Windspiele – Das
Windspiel seit der zuchtbuchgemäßen Erfassung und Erstellung von
Rassekennzeichen – Erscheinung und Wesen des Italienischen Wind-
spiels – Die Zucht mit Windspielen – Standard des Italienischen Wind-
spiels

Kauf – Haltung – Zucht 50
Erwerb und Aufzucht eines Junghundes – Pflege der Haut und des
Haarkleides – Der Züchter – Zuchtbestimmungen

Ausstellung und Sport 60

Windhundrennen 64
Allgemeines – Rennvorbereitung – Die Rennlizenz – Teilnahme an
Windhundrennen – Amateur-Rennen – Profi-Rennen

Siegertitel und ihre Bedeutung 75
Titel im Ausstellungswesen – Rennsieger-Titel

Windhund-Organisationen und nützliche Anschriften 79
Organisationen allgemeiner Art – Renn-Organisationen – Rennvereine
innerhalb des DWZRV

Ernährung 82
Eine Wissenschaft für sich? – Die wichtigsten Grundregeln – Fertigfutter - sicher, bequem und preiswert – Eigener Herd . . . – Patentrezepte

Gesundheit 88
Vorbeugen ist besser als Heilen – Erste Hilfe tut not – Alarmzeichen –
Infektionen bedrohen die Gesundheit – Impfungen schützen vor diesen
Infektionskrankheiten – Gegen andere Infektionen schützt Vorsicht –
Wurmkuren gegen unerwünschte Kostgänger – Gefahren für die
menschliche Gesundheit?

Anschriften, die Sie kennen sollten 99

Literatur 99

Bildnachweis 100

Geschichte des Hundes

Zum Verständnis einer Rasse ist auch ihre Geschichte und Entwicklung unbedingt wichtig. Am Anfang steht also die Frage: „Wie ist der Mensch auf den Hund gekommen?" Diese Frage hat uns Prof. Lorenz beantwortet. Etwa 12 000 bis 8000 Jahre v. Chr. war der Mensch Nomade und Jäger, der in seinem Erhaltungs- und Nahrungstrieb mit primitivsten Mitteln um sein Leben kämpfen mußte. Er war gezwungen, sein Lager dort zu errichten, wo Wildreichtum ihm Beute versprach. Da aufgrund seiner armseligen Hilfsmittel bei der Zubereitung seiner Speisen stets erhebliche Reste abfielen, versammelten sich in gebührendem Abstand Wölfe ringförmig um die lagernden Menschen, um über die reichlich zurückgelassenen Abfälle herzufallen. Die Wölfe erkannten schnell die mühelose Art, ihre notwendige Nahrung zu erlangen, und folgten daher den Spuren der weiterziehenden Nomaden. So entwickelte sich eine Symbiose zwischen Mensch und Wolf, aus der auch der Mensch seinen Nutzen zog. Die Wölfe nämlich verhinderten durch ihre Ringbildung die Angriffe wilder Tiere auf die Menschen. Da bekanntlich alle wildlebenden Herdentiere vom Menschen verhältnismäßig leicht zu zähmen sind (im Gegensatz zu ungesellig lebenden Tieren), gelang es den damaligen Menschen, die Wölfe für sich nutzbar zu machen.

Wenn auch heute noch die Entstehung der ersten Hunderassen nicht völlig geklärt und die Abstammung unserer Hunde noch immer umstritten ist, so lassen die vorstehenden Ausführungen den Schluß zu, den Wolf als Urvater

Die berühmte Corstopitum-Vase mit einem Greyhound um 190 n. Chr.

9

unserer heutigen Rassen als Stammform anzuerkennen. Andere Wildformen, zum Beispiel der Fuchs, scheiden aufgrund ihrer unterschiedlichen Merkmale und ihrer Einzelgänger-Lebensform als Ahnen aus. Der Fuchs schleicht seine Beute an, während Wolf, Schakal und Hund Hetzjäger sind. Hinzu kommt, daß Wolf und Hund fortpflanzungsfähige Nachkommen erzeugen, während beispielsweise Pferd und Esel zusammen zwar paarungsfähig, deren Abkömmlinge jedoch zeugungsunfähig sind. Alle diese Merkmale stützen die Ansicht vom Wolf als Urform des Hundes.

Namensgeschichte

Mannigfaltig ist auch die Bezeichnung für die Gruppe 10 der Fédération Cynologique Internationale (FCI). Im allgemeinen wird sie als Windhunde bezeichnet. Der kynologische Ausdruck für sie lautet Hetzhunde, der wissenschaftliche Grajoiden. So hat auch jedes Land seine Bezeichnung. Die Engländer sprechen von Sighthound oder Gazehound (Sichthund), die Franzosen von Lévrier = Hasenhund (Lièvre, der Hase). Die spanische Bezeichnung ist Galgo und deutet auf den gallischen Ursprung (Vertragi) hin. Der russische Barsoi heißt übersetzt einfach „der Schnelle", und Griechenland nennt ihn den Lakonier, was auf die Herkunft aus Lakonien weist.

Der Name Windhund ist bis heute nicht geklärt. Unwillkürlich denkt man an den Vergleich „so schnell wie der Wind". Eine andere Erklärung leitet ihn von „Winden" ab, also von dem westslawischen Volksstamm Wenden. Das würde die Herkunft der Windhunde aus dem Osten untermauern, welchen Standpunkt Brendel in dem Zuchtbuch des Deutschen Windhundzucht- und Rennverbandes (DWZRV) „10 000 und 75 Jahre Windhunde" vertritt. Dieser Titel ist geprägt aus der zehntausendjährigen Geschichte der Windhunde und dem fünfundziebzigjährigen Bestehen des DWZRV. Hierzu gibt es eine kleine Anekdote: Der Besucher eines Museums fragt den Wärter nach dem Alter einer Mumie. Er erhält als Antwort viertausendacht Jahre. Beeindruckt von der überaus großen Genauigkeit in der Bestimmung des Alters durch die heutige Wissenschaft erklärt der Wärter, daß die Mumie bei seinem Antritt vor acht Jahren viertausend Jahre alt war.

Auch die Bezeichnung Greyhound läßt immer noch die unterschiedlichsten Annahmen zu. Der schwedische Naturforscher Carl von Linné führte die wissenschaftliche Bezeichnung „canis grajus" ein, das heißt griechischer Hund. Auch die Kynologen neigen überwiegend dazu, Greyhound auf „Greek Hound" zurückzuführen. Die einfachste Erklärung wäre das englische Wort grey (grau), was dem Farbenreichtum des Greyhounds allerdings nicht gerecht wird. Einleuchtender erscheint die Entstehung des Namens Greyhound nach dem Gesetz, das nur Edelleuten die Haltung zubilligte (also abgeleitet von gradus = lateinisch Rang). Möglich ist auch eine Übernahme aus der Sprache der Kelten, wonach Grey „Hund" bedeutet hat.

Geschichte des Windhundes

Unbestritten ist, daß die Windhunde die älteste Form unserer heutigen Hunderassen darstellen. Der Hund ist auch das älteste Haustier des Menschen überhaupt. Erst viel später kamen Rind, Schwein, Schaf, Ziege und Esel sowie zuletzt das Pferd hinzu. Die meisten von ihnen sind Pflanzenfresser; sie kamen also erst in die Hausgemeinschaft, als der Mensch als Siedler die notwendige Futtergrundlage schaffen konnte. Als Nomade und Jäger, der auf das Erlegen von Tieren in freier Wildbahn angewiesen war, brauchte er als Jagdgehilfen den Hetzhund. Dieser brachte von seiner Abstammung her und durch kluge Auslese und Abrichtung alle jagdlichen Eigenschaften mit, nämlich Schnelligkeit, das gute Auge, Schärfe, das blitzschnelle Reaktionsvermögen und – da er selber aus dem Raubtier geworden – das raubtierhafte lautlose Anschleichen an die Beute, also die vom Raubtier abstammenden geschärften Naturinstinkte. Einen Haus- und Wachhund hatte der Mensch nicht nötig, da kein Eigentum zu bewachen war. Ebenso war der Hirten- und Hütehund zu jener Zeit überflüssig, da der Mensch erst nach seiner Seßhaftwerdung zu Herden kam. Das mag im Orient etwas früher der Fall gewesen sein, in unseren Breiten um etwa 2500 v. Chr.

Über das Herkunftsland der Windhunde bestehen unter den Wissenschaftlern immer noch unterschiedliche Meinungen. Nach den beiden am meisten vertretenen Thesen stammt der wilde Stammvater der Windhunde entweder vom indischen Wolf (canis pallipes) ab und wurde durch Einkreuzung von schakalblutführenden Parias infolge Auslese und Eingewöhnung zum Windhund entwickelt. Die andere Version nennt als Herkunftsland den Vorderen Orient – wie übrigens auch die Wiege der Menschheit und das große Zentrum der Völkerbewegungen in früherer Zeit – und stützt sich auf den Steppenwolf, aus dem durch Einkreuzung von Goldschakalblut der Windhund sich entwickelt habe.

Beide Annahmen setzen also Schakalblutzuführung voraus, was damit begründet wird, daß bei Windhunden die fünfte Zehe an den Hinterläufen, die sogenannte Wolfsklaue, völlig fehlt.

Brendel vertritt demgegenüber in „10 000 und 75 Jahre" die Auffassung, daß die Entstehung der Windhunde in den osteuropäischen Steppengebieten begann. Im Laufe der Zeit verbreiteten sich die Windhunde über die ganze Welt, wo sie in den einzelnen Ländern durch Zuchtauslese und Umwelteinflüsse eigene Formen entwickelten. Heute kennt man fast 30 verschiedene Windhundarten, von denen 13 Rassen in Europa heimisch geworden sind.

Für die westliche Verbreitung der Windhunde nimmt man zwei Wege an, einmal den nördlichen Weg entlang des Mittelmeeres, zum anderen die südliche Route über Afrika und von dort aus über Spanien nach Norden. Die afrikanischen Windhunde hält man für ein Kulturgut der Hamiten (ein aus Westasien stammendes Bevölkerungselement), während durch die Phönizier

Der Greyhound-Rüde Flash, ein erfolgreicher Ausstellungs- und Rennhund

(sie gehören zu den Semiten und wanderten im 3. Jahrhundert v. Chr. aus Arabien aus und besiedelten den Libanon und Syrien) auf ihren Handelswegen zu Schiff und über Land die Windhunde nach Gallien und Britannien gebracht wurden. Hier entwickelten die Kelten Sonderformen, wie wir sie heute noch kennen. Der Greyhound war in England bereits bekannt, als die Römer unter Hadrian es in Besitz hatten. Sie bauten gegen die Schotten einen großen Wall, an dessen Verlauf entlang sie 23 befestigte Lager (castra stativa) errichteten. Diese Anlage erstreckte sich von Walls-end-on-Tyne bis Bowness am Solway. Bei Cilurnum, eines der Kastelle, lagerten die Asturier, ein keltischer Stamm aus Spanien. In Corstopitum bei Corbridge wurde eine Vase – danach genannt die Corstopitum-Vase – aus jener Zeit gefunden, die ein Beweis ist für das Alter der Greyhounds, ihr fast unverändertes Aussehen und ihre jagdliche Verwendung.

Der Greyhound

Der Greyhound wird als Nachkomme des keltischen Windhundes angesehen. Die Kelten waren im 6. Jahrhundert v. Chr. noch weit verbreitet in Ungarn, Italien, Spanien, Deutschland, Frankreich und England. Sie wurden später von den Germanen verdrängt und von den Römern unterworfen und weitgehend romanisiert.

Windhunde wurden jahrhundertelang nur vom Adel gehalten, dem gemeinen Volk war die Haltung strengstens untersagt. Ein altes gallisches Sprichwort sagt: „Man erkennt einen Edelmann an seinen Pferden, seinen Falken und seinen Windhunden!" Gern wurden Windhunde bei Besuchen zwischen Für-

Ein auf Ausstellungen erfolgreicher Greyhound-Rüde aus der Zuchtstätte „Happy Hunters"   13

„Half-and-Half": Erstes Ergebnis einer Kreuzung zwischen englischem Bulldog und Greyhound, nach einer Zeichnung von Stonehenge

stenhäusern als Geschenk übergeben. Mit dem Untergang der Monarchien drohte auch den Windhunden das Ende, so in Frankreich den Greyhounds, in Rußland den Barsois, in Afghanistan den Afghanischen Windhunden und in Persien nunmehr den Salukis. Nur die Greyhounds, die in England in großer Zahl gezüchtet und längst auch von den Bürgern gehalten wurden, traten ihren Siegeszug über die ganze Welt an, ohne Einbuße erlitten zu haben.

„Hysterics", der Name des Kreuzungsproduktes zwischen einem Bulldog und Greyhound der vierten Generation

14

Die stark dezimierten, gefährdeten Windhundrassen wurden mit den wenigen Exemplaren, die in den europäischen Ländern verblieben sowie nach Amerika gelangt waren, systematisch wieder aufgebaut und von versierten Züchtern zu ihrer heutigen Hochform entwickelt. Der Bestand der afrikanischen Windhundrassen Sloughi und Azawakh war nie gefährdet, da diese Rassen von den mächtigen Stammesfürsten in großen Meuten bis zum heutigen Tag zu Jagdzwecken gehalten werden. Verfolgt man den Weg der Windhundrassen vom Orient bis nach England, so kann man die interessante Feststellung machen, daß die Ohrenform vom großen Hängeohr der Afghanen über die Salukis, Azawakhs, Sloughis, Galgos bis zum Rosenohr der Greyhounds immer kleiner und gefalteter wurde, was vielleicht auch ein Zeichen für den Weg ist, den sie bei ihrer Verbreitung genommen haben.

Bekannt ist, daß in der Regel Hunde von ihren Besitzern links an der Leine geführt werden. Windhunde bilden hier eine Ausnahme, sie werden rechts geführt. Diese Sitte datiert aus der Zeit, als die Windhunde zur Jagd an einer Koppel paarweise geführt und erst in Sichtweite von Wild durch einen Druckverschluß mit der rechten Hand zur Hetze freigelassen wurden.

Entwicklung des Greyhounds und seine Typen

Etwa seit dem Jahr 1000 n. Chr. wurde die Hetzjagd in England vom Adel mit Greyhounds betrieben. Jahrhundertelang standen diese Hetzjagden hoch in der Gunst der herrschenden Schicht. Im 16. Jahrhundert unter der Herrschaft der Königin Elisabeth I. erstellte der Herzog von Norfolk die ersten Regeln für ein Coursing (Hasenhetze in freier Wildbahn). 1776 gründete Lord Oxford den ersten Coursing-Club in Swaffham. Er verfügte selbst über eine große Greyhoundmeute und errang mit ihr zahlreiche Coursing-Siege.

Erwähnenswert ist die Überlieferung, daß Lord Oxford Bulldog-Einkreuzungen vorgenommen hat. Er erreichte damit für seine Greyhounds eine große Härte und wahrscheinlich auch die Stromung im Haarkleid der Greyhounds. Die Produkte seiner Kreuzungen zeigten bereits in der vierten Generation wieder alle Merkmale der Greyhounds, ein Beweis für die Dominanz des Windhundblutes.

Die Gründung weiterer Coursing-Clubs führte in England zur Herauszüchtung des sogenannten Coursing-Typs. Von ihm wurde verlangt, daß er widerstandsfähig und wendig war, jedoch einen eleganten Gesamteindruck machte. Im Jahre 1853 erschien in England von Stonehenge das Buch „Der Greyhound", in dem er vier verschiedene Coursing-Typen vorstellt:
1. Den Newmarket-Greyhound, umfassend die Hunde aus Norfolk, Suffolk, Cambridgeshire, Essex, Bedfordshire, Huntingdonshire und Lincolnshire,
2. den Wiltshire-Typ, beschränkt auf Wiltshire, Berkshire, Dorsetshire,
3. den Lancashire-Typ, verbreitet über die ganzen Provinzen Mittelenglands,
4. den Scotch-Typ, der, seinem Namen zufolge, in Schottland zu Hause war.

*Schottischer Typ, etwa
um 1880*

Da wir auf das Bildmaterial jener Zeit angewiesen sind, müssen wir uns mit den zeitgenössischen Darstellungen begnügen, die sicherlich in einigen Punkten überzogen sind, so zum Beispiel in bezug auf die Feinheit der Ruten und die Länge und Schmalheit der Köpfe. Trotzdem geben sie eine Vorstellung von der kräftigen Bemuskelung, der Geräumigkeit des Brustkorbs und der nicht übertriebenen Winkelung der Gliedmaßen.

Ihre Erscheinung zeugt von Kraft, Schnelligkeit und Eleganz. Alle vier Typen, die geprägt sind von der Landschaft, in der sie lebten, wurden im weiteren Verlauf in der Zucht miteinander vermischt. Da die Engländer auf diesem Gebiet große Fähigkeiten erworben haben, schufen sie einen ziemlich einheitlichen Typ, dessen wohl klassischster Vertreter der auch heute noch bewunderte Champion Beau Geste of Loven ist. Auch seine Schwester Bridgid of Loven stellte ein vollendetes Zuchtprodukt dar.

Als im Jahre 1926 in England die erste Rennbahn gebaut wurde – der bald weitere folgten –, die die Hetze nach dem mechanischen Hasen ermöglichte, setzte eine verhängnisvolle Entwicklung in der Greyhoundzucht ein. Die Windhundrennen gewannen eine Bedeutung, die niemand erahnen konnte, sie wurden gleichsam zum Nationalsport, der eine größere Popularität gewann als der Pferdesport. Daraus resultierte eine Expansion in der Greyhoundzucht, die nur noch auf Schnelligkeit ausgerichtet war und in der bald nur noch die Sekunden zählten. Auf der anderen Seite entstand das gegenteilige Extrem, nämlich die Zucht der sogenannten Show-Dogs, begünstigt durch die zunehmende Zahl der Ausstellungen. Übertrieben wurde bei diesen Typen Größe, Winkelungen, die langen schmalen Köpfe (die Zahnverluste zur Folge hatten),

Newmarket-Typ, etwa um 1880

die Tiefe der Brust (die die Ellbogenfreiheit beeinträchtigte). Diese Entwicklung hat in England eine tiefe Kluft zwischen den Anhängern beider Typen aufgerissen. Denn die professionell eingesetzten Racing-Dogs werden niemals auf einer Ausstellung gezeigt, während die Show-Dogs weitgehend ihren Hetztrieb verloren haben und niemals eine Rennbahn zu sehen bekommen. Die Zahl der Show-Dogs ist gegenüber den Racing-Dogs heute verschwindend klein. Auf der wohl bekanntesten Hundeausstellung in England, der Crufts Dog Show in London mit etwa viertausend Hunden aller Rassen, werden nur etwa 20 bis 30 Greyhounds gezeigt. Einen Eindruck von der Bedeutung der Renn-Greyhounds gegenüber den Show-Greyhounds gibt die Zahl der gezüchteten Typen. Heute werden alljährlich auf der ganzen Welt etwa 90 000 Racing-Dogs gezüchtet. Denen stehen etwa 1000 Show-Dogs gegenüber. Die hohe Zahl an Racing-Dogs resultiert im wesentlichen aus den Ländern, in denen Profi-Rennen mit Totalisator durchgeführt werden, bei denen zum Teil hohe Gewinne zu erwarten sind und für die Wettenden große Gewinnchancen bestehen. Zu diesen Ländern zählen Amerika, Australien, Mexico und Spanien, wo jährlich etwa 50 000 Greyhounds geworfen werden, England mit 10 000 und Irland mit 25 000 Greyhoundwürfen. Überwiegend werden in diesen Ländern die Greyhounds in Trainingscamps gehalten und von hauptamtlichen Trainern ausgebildet und auf Rennen vorbereitet, wobei die Besitzer ihre Greyhounds nur am Sonntag besuchen können, ähnlich wie Eltern ihre Kinder im Internat.

Ganz anders liegen die Verhältnisse auf dem europäischen Kontinent (mit Ausnahme von Spanien). Hier verbietet das Rennwettgesetz den Totalisator-Betrieb bei Windhund-Rennen. Demzufolge werden die Greyhounds in der Familie gehalten, und jeder Besitzer ist sein eigener Trainer. Da die einzelnen Besitzer mit ihren Hunden in enger Hausgemeinschaft leben, wird ein Hund,

17

Champ. Beau Geste of Loven (nach einem Gemälde von Arthur Wardle)

der Hetzleidenschaft und edle Erscheinung in sich vereint, natürlich vorgezogen. Daher ist es den Züchtern auf dem Kontinent zu verdanken, daß sie sich als Ziel gesetzt haben, den Typ des Coursing-Greyhounds, der Kraft und ansprechende Erscheinung in sich vereinigt, wieder herauszuzüchten. Dieses ist zunächst insbesondere den Züchtern in der Schweiz und in Deutschland gelungen, wird aber heutzutage auch in den übrigen Ländern des europäischen Kontinents mit Erfolg angestrebt.

Viele der jetzt bei namhaften Züchtern gefallenen Greyhounds sind in der Lage, sowohl auf Ausstellungen als auch bei Rennen Spitzenpositionen zu erreichen oder zumindest mit guten Erfolgen abzuschneiden. Doch es gibt immer noch Anhänger, die einen der extremen Typen bevorzugen. Das Ziel muß aber verfolgt werden, dem mit viel Liebe wieder aufgebauten Coursing-Typ weltweit Anerkennung zu verschaffen. Wie schwer diese Aufgabe ist, zeigt der Zahlenvergleich in den „Profi-Ländern". In Europa werden (also mit Ausnahme von England, Irland und Spanien) jährlich nur etwa 800 Greyhounds gezüchtet! Diese Zahl der „Amateurländer" nimmt sich geradezu bescheiden aus im Verhältnis zu den „Profi-Ländern".

Die Tropfenform

Die Frage ist erlaubt, warum ein Greyhound oder ein Whippet gerade so aussehen muß und nicht gleiche Fähigkeiten mit einem völlig anderen Körperbau hätte entwickeln können. Über solche Fragen gibt die Natur die beste Auskunft. Hunderassen, die Großwild jagen, müssen naturgemäß selber groß sein. Teckel, die Kaninchen aus ihren Bauten holen sollen, könnten keine

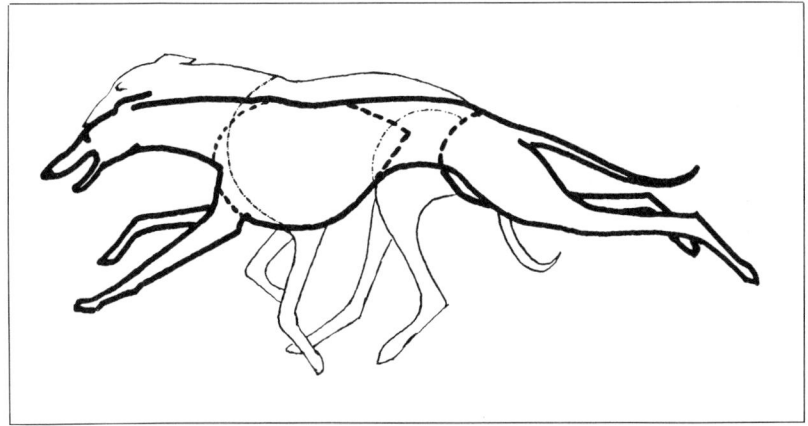

Der Windhundkörper im Sinne der aerodynamischen Zweckform. Im Bild der Hund in Aktion

andere Figur haben, als sie aufweisen. So gibt auch die Natur Auskunft darüber, warum der Greyhound für seine Aufgaben die ideale Figur hat. Es ist bereits beschrieben worden, daß sein Knochenbau viel zarter ist als der der vergleichbaren Hunderassen. Das ist allein erforderlich, weil er bei seiner hohen Geschwindigkeit ein möglichst geringes Gewicht mittragen muß. Die Herz- und Lungenübergröße im Verhältnis zu anderen Hunderassen gleicher Größe bedeuten nichts anderes, als daß die momentanen und langdauernden Anstrengungen ohne Schwierigkeiten verkraftet werden müssen. Aber auch die Figur des Greyhounds selbst ist in idealer Weise den Naturgesetzen angepaßt. Überall, wo es in der Technik um Geschwindigkeit geht, steht die Idealform der Windschlüpfrigkeit an erster Stelle. Während noch vor Jahrzehnten Hochgeschwindigkeitsfahrzeuge nur danach gebaut wurden, daß ihr Vorderteil möglichst widerstandsfrei die Luft durchschnitt, haben die Windkanalversuche zudem gezeigt, daß die Zusammenführung der Luft hinter dem sie durchdringenden Körper von gleicher Bedeutung ist. Aufgestaute Luftpolster vor dem Körper sind für große Geschwindigkeiten genauso hinderlich wie bremsende Luftwirbel hinter dem Körper.

Seit langer Zeit ist bekannt, daß die Natur einen Idealkörper kennt, der diesen Erfordernissen in vollendeter Weise entspricht: den Regentropfen. Die bewegliche Form eines kugelförmigen Tropfens in der Ruhe verändert sich beim fallenden Tropfen zu einer eiähnlichen Form, wobei er sich nach oben stark verjüngt. Diese Form ist auch beim Greyhound deutlich erkennbar, sowohl in der gestreckten als auch in der zusammengeklappten Haltung. Sie ermöglicht die Durchdringung der Luftschicht, das Abgleiten am Körper ohne Wirbelbildung und läßt hinter dem Körper kein bremsendes Vakuum entstehen. Diese aerodynamischen Gesetze der Windschnittigkeit finden wir auch bei den Vögeln. Der Bau des Windhundkörpers erfüllt also in klassischer Weise technische Schönheit.

Äußere Erscheinung des Windhundes

Daß Windhunde trotz ihres Formenreichtums eine wohlcharakterisierte Rassengruppe darstellen, die sich in ihrem anatomischen Bau wie auch in ihrem Wesen von allen anderen Rassen des Haushundes in mancherlei Hinsicht stark unterscheidet, dürfte heute allgemein anerkannt sein. Die Windhunde als selbständige Rassengruppe sind zweifelsfrei schon sehr alt und zeichnen sich durch Schnelligkeit und angeborene Jagdpassion aus. Man fragt sich natürlich, warum das kleine Italienische Windspiel und der bis zu einem Meter große Irish Wolfhound zu einer Rassengruppe zählen. Die Antwort darauf ist sehr einfach. Sie alle jagen mit dem Auge, im Gegensatz zu allen anderen Hunderassen, die mit der Nase arbeiten. Deshalb ist das Auge bei den Windhundrassen sehr viel schärfer ausgebildet, damit sie das Wild auf weite Entfernungen erspähen können. Ihr Spürsinn ist dagegen weitaus geringer ausgeprägt. Würden sie bei der Verfolgung des Wildes mit der Nase arbeiten müssen, wäre das für die Entwicklung ihrer Geschwindigkeit nur hinderlich. Auf der Grenze zwischen Hetzhund und Jagdhund stehen der Pharaoh Hound und der Podenco Ibicenco. Beide Rassen sind in der Lage, sowohl mit dem Auge als auch mit der Nase zu jagen. Das hängt mit der Struktur ihrer Inselwelt zusammen, auf der sie leben. Verfolgt ein Hund dieser Rassen im offenen Gelände einen Hasen und verschwindet dieser im unübersichtlichen Unterholz, so verfolgt der Hund die Spur mit der Nase, bis die Jagd im freien Gelände wieder möglich ist. Wenn wir von der Verschiedenartigkeit des Haarkleides absehen, dann sind alle Windhunde durch ihren feingliedrigen, ausgesprochen linearen Konstitutionstyp ausgezeichnet. Ihnen allen ist ein schmaler, langer Kopf mit wenig gewölbtem Hirnschädel und nur angedeutetem Stop zu eigen, der auch völlig fehlen kann. Der Hals ist schlank, verhältnismäßig lang und kräftig und wird aufgerichtet getragen. Die Brust ist geräumig, tief und lang und läßt eine markante Vorderbrust meist vermissen. Der Rücken ist verhältnismäßig kurz und in der Lendenpartie meist leicht gewölbt, die Kruppe leicht abfallend.

Die Rute ist lang und dünn und der Bauch immer mehr oder minder stark aufgezogen. Was ferner alle Windhunde auszeichnet, sind die langen, trockenen, relativ steil gewinkelten Gliedmaßen, die der schlanken Gestalt schon auf den ersten Blick das Gepräge eines hochgestellten, ausdauernden Schnellläufers verleihen. Das Skelett des Windhundes unterscheidet sich grundsätzlich nicht von demjenigen anderer hochläufiger Hunde. Zwar sind die einzelnen Knochen schlanker und feiner modelliert, dafür zeichnen sie sich aber durch große Kompaktheit und Härte aus. Das Gebiß ist sehr kräftig, aber die Prämolaren sitzen infolge der Länge des Fangs nicht dicht aufgeschlossen im Kiefer. Die einzelnen Wirbel sind zierlich gebaut, jedoch ihre Fortsätze besonders markant entwickelt, wodurch günstige Muskelansatzverhältnisse geschaffen werden, die für die Kraft und Schnelligkeit der Windhunde unerläßlich sind. Die auf dem Rücken stark hervortretenden Wirbelfortsätze veranlassen Laien oft zu der Bemerkung, daß es sich bei Windhunden um verhungerte Exemplare handelt.

Verhältnismäßig lang und fein sind schließlich auch die Gliedmaßen, wobei vor allem das Unterarm- und Unterschenkelskelett durch Schlankheit und Länge auffallen. Die Fußwurzelgelenke sitzen daher relativ niedrig, und der Mittelfuß ist verhältnismäßig kurz.

Was den trainierten Windhund aber besonders auszeichnet, ist die trockene, auffallend kräftige Muskulatur.

Die einzelnen Karpalknochen sind unter sich und mit dem Unterarm- und Mittelfußskelett nur durch kurze Bänder verbunden. Lange äußere und innere Seitenbänder, welche sonst den Gliedmaßen in erster Linie Halt verleihen, beispielsweise beim Pferd, fehlen vollkommen. Dadurch erhält das Karpalgelenk des Hundes seine große Bewegungsfreiheit, die den Hund zum Beispiel

21

zum Festhalten von Knochen oder zum Graben befähigen; jedoch macht es den Hund auch anfällig gegenüber Verletzungen bei Belastungen.

Von den inneren Organen sind es insbesondere Herz und Lunge, die gegenüber anderen Hunderassen ungewöhnliche Größe zeigen. Das Herz eines Greyhounds zum Beispiel wiegt etwa 1000 Gramm, während vergleichsweise dasjenige des Schäferhundes 600 Gramm wiegt.

Der Greyhound – Aussehen und Wesen

Der Greyhound gehört zur westlichen (okzidentalen) Gruppe der Windhunde. Er ist das Vollblut unter den Hunden und für viele der Windhund schlechthin. Er ist in seiner ganzen Erscheinung der typischste Repräsentant der gesamten Windhundfamilie und wird mit Recht als der schnellste Hund der Welt bezeichnet. Unter den Säugetieren übertrifft ihn nur der Gepard an Schnelligkeit.

Das Erscheinungsbild ist das eines großen, schlanken, hochbeinigen Hundes mit langem Hals, einem edlen, schmalen Kopf, mandelförmigen ausdrucksvollen Augen und eng anliegenden, nach hinten getragenen sogenannten Rosenohren. Durch das kurze Haarkleid kommt jede Linie, jeder Muskel und jede Sehne seines eleganten, geschmeidigen Körpers voll zur Geltung. Dieser Körper zeigt durch seine Form – tiefe Brust und hoch aufgezogene Nierenpartie – bereits an, daß der Greyhound zum Rennen prädestiniert ist. Ein leichter, federnder Gang, der von verhaltener Kraft spricht, ist ihm zu eigen. Das Laufen und Hetzen ist Lebensbedingung für einen Greyhound. Man sagt vom Greyhound, daß er lieber stirbt, als daß er die Hetze aufgibt. Da er der freien Jagd nicht mehr frönen kann, bieten heute die Rennbahnen einen Ersatz. Mit äußerster, geradezu unvorstellbarer Spannkraft jagt er hinter dem Hetzwild (mechanischer Hase) her und lebt dessen Bewegungen mit. Die Hetzjagd ist für ihn die einzige seelische und körperliche Befriedigung.

Ein Feld Greyhounds bietet ein Bild von Rasanz, vollendeter Eleganz, Kraft und Harmonie. Die Füße berühren kaum den Boden, aber die Erde dröhnt unter dem Trommeln der Pfoten, und die zurückgeschleuderten Grasnarben zeigen die Wucht des Laufes an.

Es gibt immer wieder Menschen, die in der Tatsache, daß die Windhunde auf der Rennbahn sozusagen einem Phantom nachjagen, eine Verblödung erblicken. Tatsächlich läßt der Eifer der Hunde nicht im geringsten nach, vielmehr laufen sie zum hundertsten Male mit genau derselben Begeisterung hinter dem mechanischen Hasen her wie beim erstenmal. Dem Fachmann ist das ohne weiteres verständlich. Wer mit seinem Windhund schon Hasen gehetzt hat, wird in fast allen Fällen, in welchen der Hund den Hasen holte, festgestellt haben, daß Meister Lampe für den Hund in dem Augenblick uninteressant wird, in dem er sich nicht mehr bewegt. Es ist also weder Dressur noch Verblödung, es ist nur der ungeheure Reiz, den das flüchtige Objekt auf sein Auge und damit auf seine Sinne ausübt. Dazu trägt nicht wenig die Geschwindigkeit bei, mit welcher der mechanische Hase sich bewegt, und die Reaktion des Hundes auf dieses außerordentlich flüchtige Objekt muß notwendigerweise durch den Eindruck ausgelöst werden, der dem Anblick eines lebenden Hasen entspricht.

Das Wesen des Greyhounds ist sehr liebevoll und anschmiegsam. Im Hause ist er ein äußerst angenehmes Mitglied der Familie. Er bevorzugt einen erhöhten Platz, von dem aus er alles beobachten kann. Wenn er mit Geduld und Überzeugung erzogen wird, lernt er schnell, die Wünsche seines Herrn zu respektieren. Mit Strenge oder gar Schlägen bricht man seinen Stolz und macht aus ihm ein verschüchtertes Geschöpf. Der Greyhound braucht zur Prägung seines Wesens die enge Bindung an Haus und Familie. Als Zwingerhund ist er völlig ungeeignet. Der Zwinger wird vom Greyhound als Ruhestätte angesehen, in dem er, wenn ihm nicht genügend Auslauf geboten und Ansprache gewährt wird, seine Tage verdöst. Einem solchen Hund erwächst kaum das Verständnis für das menschliche Wort, erst recht nicht für Gebärden, die Mimik und den Tonfall seiner Familie. Ein Greyhound sollte zwar nicht Mittelpunkt, doch aber ein gleichberechtigtes Mitglied der Familie sein.

Der Greyhound ist auch ein sehr sauberer Hund, der keinen Geruch im Hause verbreitet und nur aus sauberen Schüsseln sein Futter genießt. Er ist auch gut in einer Etagenwohnung zu halten, da er durch sein ruhiges Wesen die Nachbarschaft nicht stört. Voraussetzung ist eben immer wieder die genügende tägliche Bewegung, die aber auch für den jeweiligen Besitzer nur von Vorteil sein kann!

Die tief verwurzelte Ansicht des Laien über die Dummheit der Windhunde ist nur schwer ausrottbar. Leider wird die Lernfähigkeit des Hundes in weiten Kreisen an der Unterordnung des Hundes unter die Befehle des Menschen gemessen. Dabei schneidet der Windhund zugegebenermaßen schlecht ab. Wenn man aber den in seinem Erbgut erhaltenen Instinkt als Maßstab anlegt, so ist er unschlagbar. Bei seiner Hetzjagd ist er ganz allein auf sich gestellt und nicht auf die Befehle seines Herrn angewiesen. Das ist der Grund, weshalb sich ein Windhund niemals unterordnet, sondern sich dem Menschen nur anpaßt. Um zu überleben, wäre er auch heute noch nicht auf den Menschen angewiesen. Ein Teil seiner Instinkte schlummert lediglich in seiner heutigen Umgebung. Jederzeit wäre er in der Lage, sein Leben wieder in der Freiheit aufzunehmen.

Es gibt keine Hunderasse, die seit ihrer Entstehung äußerlich so wenig Veränderungen erfahren hat, wie der Greyhound. Die mannigfachen Ausdrucksformen des Wolfes sind beim Hund weitgehendst verlorengegangen. Als Ersatz wird das Bellen der Hunde angesehen. Da die Windhunde lautlos jagen und auch niemals ohne zwingenden Anlaß bellen, ist ihr Mienenspiel ausgeprägter als bei anderen Hunderassen. Man sieht ihnen an, ob sie gelangweilt, traurig oder gar schlecht gelaunt sind. Der Greyhound ist sogar in der Lage, seine Freude durch „Lachen" (Hochziehen der Lefzen) zum Ausdruck zu bringen, was vom Laien dann als Zähnefletschen angesehen wird.

Man kann den Greyhound auch nicht „auf den Mann abrichten", aber es gibt zahlreiche Beispiele, daß er bei Gefahr blitzschnell erfolgreich eingegriffen hat. Auch entwickelt er gegenüber Menschen, denen er zum ersten Mal begegnet, im ersten Augenblick Sympathie oder Antipathie, nuanciert abgestuft. Keine Bemühungen werden am Grad seiner Zu- oder Abneigung etwas ändern können. Der Greyhound ist auch heute noch kein Hund für jedermann, wenn man ihm aber seinen Stolz zuerkennt, ist er ein dankbarer Wegbegleiter des Menschen für viele Jahre.

Wer sich für die Haltung eines Greyhounds entscheidet, sollte die Möglichkeit haben, ihm sehr viel Bewegung zu verschaffen. Ein Garten, sei er auch noch so groß, genügt keinesfalls für seinen Auslauf. Er wird nur bis zum Zaun laufen und sehnsuchtsvoll in die Ferne blicken.

In unserer zivilisierten Welt ist eine Auslaufmöglichkeit im Freien nur schwer zu finden. Läßt man ihn in der Freiheit von der Leine, muß man große Vorsicht walten lassen.

Kommt ihm Wild zu Gesicht, wird er es hetzen, solange er es mit dem Auge verfolgen kann, und begibt sich in die Gefahr, als wildernder Hund erschossen

Das beliebte und für Mensch und Hund gesunde Fahrradtraining

24

zu werden. Da der Greyhound über ein ausgeprägtes Orientierungsvermögen verfügt – auch in einer ihm unbekannten Gegend –, sollte der Besitzer niemals seinen Standort verlassen; der Greyhound wird zu ihm zurückkehren, auch wenn es mitunter Stunden dauert.

Da es schon immer aus rein ästhetischen Gründen Anhänger dieser Rasse gegeben hat, die ansonsten keine oder nur geringe Ambitionen für den Rennsport zeigten, haben es sich einige Züchter zur Aufgabe gemacht, Exemplare zu züchten, deren Haltung wesentlich unproblematischer ist. Dieser sogenannte „Show-Typ" zeigt überwiegend nicht mehr den ausgeprägten Hetztrieb und ist daher als Begleit- und Familienhund geeigneter. In den Farben dominieren weiße oder weißgescheckte Typen von imposanter Gesamterscheinung und großrahmigem Format. Sie haben ein sehr liebevolles Wesen und sind auf ihre Besitzer intensiv fixiert. Auf Ausstellungen ist eine steigende Meldezahl zu beobachten, die als Beweis für die zunehmende Beliebtheit dieser Greyhounds gelten kann.

Standard des Greyhounds

Gesamterscheinung. Kräftig gebaut, groß gewachsen mit großzügigen Proportionen, Muskelkraft und symmetrischen Formen, mit langem Kopf und Hals, klar umrissen, gut liegenden Schultern, tiefer Brust, geräumigem Rumpf, gewölbter Lende, kraftvoller Hinterhand, geraden und parallelen Läufen und Pfoten sowie einer Geschmeidigkeit der Glieder, die in besonderem Maße seinen charakteristischen Typ und seine Eleganz hervorheben.

Charakteristika. Er besitzt ein bemerkenswertes Durchhaltevermögen und Ausdauer.

Wesen. Lernbereit, freundlich, anhänglich und ausgeglichen.

Kopf und Schädel. Lang, mäßige Breite, flacher Kopf, leichter Stop. Kräftige und gut geformte Kiefer.

Augen. Aufmerksam, oval und schräg eingesetzt, vorzugsweise dunkel.

Ohren. Klein, rosenförmig, feinledrig.

Gebiß. Kräftiger Kiefer mit einem perfekten, regelmäßigen und vollständigen Scherengebiß, d. h., daß die oberen Schneidezähne die unteren Schneidezähne eng übergreifen und rechtwinklig zu den Kiefern stehen.

Hals. Lang und muskulös, elegant gebogen, gut in die Schulter übergehend.

Vorhand. Schultern schräg, gut zurückgelegt, gut bemuskelt, ohne überladen zu sein, oben eng stehend und klar abgezeichnet. Vorderläufe zwischen Ellenbogen und Pfoten lang und gerade, Knochen von guter Substanz und Qualität. Ellenbogen frei beweglich und gut unter der Schulter stehend. Fesseln mäßig lang, leicht federnd, Ellenbogen, Fesselgelenke und Zehen weder ein- noch auswärts gedreht.

Rumpf. Tiefe, geräumige Brust, die ausreichend Raum für das Herz schafft. Rippenkorb tief, gut gewölbt und weit nach hinten gezogen. Flanken gut

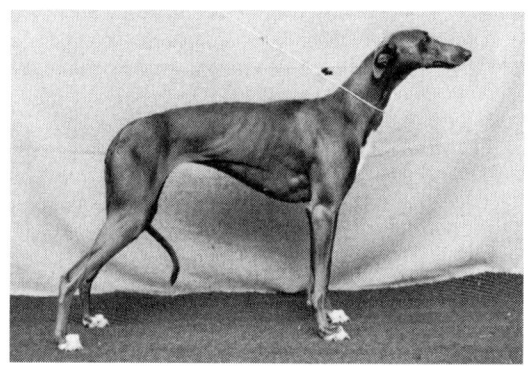

Sturmwind's Blue Bergyll, eine standardgerechte Vertreterin ihrer Rasse

aufgezogen. Rücken ziemlich lang, breiter Balkenrücken. Kraftvolle, leicht gewölbte Lende.

Hinterhand. Ober- und Unterschenkel breit und muskulös, zeigen große Schubkraft an. Kniegelenke gut gewinkelt. Sprunggelenke sehr tief gestellt, weder ein- noch ausdrehend. Rumpf und Hinterhand von großzügigen Proportionen und gut geschlossen; sie befähigen den Hund, im Stand ausreichend Boden zu decken.

Pfoten. Mäßige Länge, mit kompakten, gut aufgeknöchelten Zehen und starken Ballen.

Rute. Lang, ziemlich tief angesetzt, stark am Ansatz, sich zur Spitze verjüngend, niedrig getragen, leicht gebogen.

Gangart/Bewegungen. Gerader, flach ausgreifender freier Schritt, der es ermöglicht, mit großer Geschwindigkeit viel Raum zu gewinnen. Die Hinterläufe greifen gut unter den Körper vor, um großen Schub zu geben.

Haarkleid. Fein und dicht.

Farben. Schwarz, weiß, rot, blau, bräunliches Rotgelb, sandfarben, gestromt oder jede dieser Farben mit Weiß.

Größe. Ideale Schulterhöhe für Rüden: 71–76 cm, für Hündinnen: 68–71 cm.

Anmerkung. Rüden müssen zwei offensichtlich normale, voll abgestiegene Hoden im Skrotum aufweisen.

26

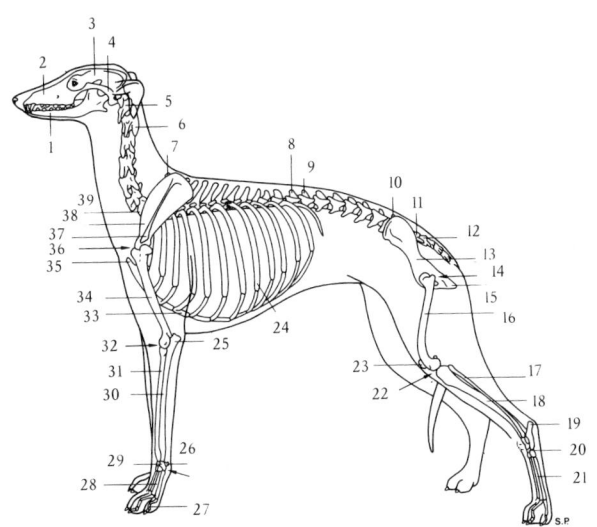

Skelett Greyhound

1	Unterkiefer
2	Gesichtsschädel
3	Hirnschädel
4	Jochbogen
5	Atlas (1. Halswirbel)
6	Epistropheus (2. Halswirbel)
7	Dornfortsatz des 1. Brustwirbels
8	13. Brustwirbel
9	1. Lendenwirbel
10	Dornfortsatz des 7. Lendenwirbels
11	Kreuzbein
12	1. Schwanzwirbel
13	Becken (Pelvis)
14	Hüftgelenk
15	Sitzbeinhöcker
16	Oberschenkelbein (Os femoris)
17	Wadenbein (Fibula)
18	Schienbein (Tibia) Unterschenkelknochen
19	Fersenbeinhöcker
20	Hinterfußwurzelknochen (Tarsalknochen)
21	Hintermittelfußknochen (Metatarsalknochen)
22	Kniegelenk
23	Kniescheibe (Patella)
24	8. Rippe
25	Ellbogenhöcker
26	Erbsenbein (Os carpi accessorium) Vorderfußwurzelgelenk (Karpalgelenk)
27	Zehenglieder (Phalangen)
28	Vordermittelfußknochen (Metakarpalknochen)
29	Vorderfußwurzelknochen (Karpalknochen)
30	Elle (Ulna)
31	Speiche (Radius) Unterarmknochen
32	Ellbogengelenk
33	Brustbein
34	Oberarmbein (Humerus)
35	Brustbeinspitze
36	Schultergelenk
37	Schulterblattgräte
38	Schulterblatt (Scapula)
39	7. Halswirbel

Der Whippet

Geschichte

Der Whippet ist als einziger Windhund eine Mischrasse, die erstmalig im 17. Jahrhundert gezüchtet wurde, daher läßt sich seine Geschichte nicht mit der anderer Windhundrassen vergleichen.

Karl I. von England (1600–1649) brachte 1624 seiner Braut die ersten Exemplare von Windspielen aus Frankreich mit. Er kreuzte diese mit einer heute nicht mehr bekannten Terrierart mit dem Ziel, einen Hetzhund eleganter Gestalt und substanzvoller Erscheinung als neue Rasse zu erhalten. Diese Versuche wurden auch in späteren Generationen verfolgt, und es entstand daraus der Whippet. Königin Henriette Marie, Tochter Heinrich IV. von Frankreich, ließ sich einen Zwinger auf Schloß Edinburg errichten und züchtete diese Rasse mit großem Erfolg weiter. Sie erlangte Weltruf als Tierfreundin. Karl I. verursachte durch seine absolutistischen und katholischen Neigungen einen Bürgerkrieg. Die Schotten lieferten den zu ihnen geflohenen König an das englische Parlament aus, das ihn hinrichten ließ. Mit dem Ausbruch der englischen Revolution 1648 und der Enthauptung Karl I. wurden die Hunde vom Pöbel geraubt und in alle Winde verstreut. Damit war dem ersten Versuch, einen Hetzhund von mittlerer Größe zu schaffen, vorläufig ein Ende gesetzt.

Erst um 1835 wurde der zweite Versuch im Norden Englands in den Grafschaften Northumberland, Durham, Lancashire und Yorkshire von Bergleuten und Fabrikarbeitern unternommen, den Whippet neu herauszuzüchten. Ziel der Zucht war höchstmögliche Schnelligkeit bei beschränkter Größe. Als Ausgangsbasis für die Zucht gelten Greyhounds, Windspiele und hochläufige Terrierrassen, die heute zum Teil als Rasse in England verschwunden sind. Es hieß also, Mittel und Wege zu finden, ohne Verminderung der Schnelligkeit den Greyhound kleiner zu züchten. Bis zu einem gewissen Grade ist es ja nicht schwer, eine Rasse sozusagen „herabzuzüchten". Es genügt, fortgesetzt immer nur den kleinsten Schlag für die Zucht zu verwenden und gehörige Inzucht zu betreiben. Aber der erfahrene Züchter weiß, daß mit der Abnahme der Größe leider auch die Minderung der Qualität und Substanz Schritt hält. Es ist eine bekannte Tatsache, daß so entstandene Zwergformen einer großen Rasse nicht immer wieder Zwerge erzeugen, ein Beweis dafür, daß an der Fortpflanzung nicht nur der samenspendende und -empfangende Teil allein beteiligt ist, sondern die ganze Summe der Vorfahren. Mithin kann eine gewisse Grenze der Größe, Reinzucht vorausgesetzt, überhaupt nicht unterschritten werden, und es bleibt nur der Weg der Kreuzung mit einer kleineren Rasse übrig, um eine genügende und konstant bleibende Herabsetzung der Größe zu erzielen. Für die Schöpfer des Whippets im Norden Englands war die Auswahl zur Einkreuzung einer kleinen Rasse nicht groß. Wenn der Typus des Greyhounds auch für die neue Rasse Geltung behalten sollte, konnte nur das kleine Italienische Windspiel in Frage kommen. Mit dem Windspiel ließ sich wohl die Größe herabdrücken und die Windhundform beibehalten, aber die muskulöse Gestalt des Greyhounds müßte durch die Mischung des zarteren Windspiels naturgemäß verlieren. Es galt daher, die volle Kraft und den Schneid zur Hetze wiederzugewinnen, und dazu konnte nur eine weitere Kreuzung verhelfen. Vor die Wahl gestellt, gab es für die Engländer kaum einen anderen Entscheid, als das Blut des kraft- und temperamentvollen Terriers zu benützen. In der Tat ist die Zuführung von Terrierblut auch überaus vorteilhaft gewesen. Sie hat dem Whippet geradezu einen Vorsprung vor den übrigen Windhundrassen gegeben, Eigenheiten im Wesen und Charakter verliehen, die den übrigen Windhundrassen mehr oder weniger abgehen, die aber viel zu der großen Beliebtheit des Whippets beigetragen und seine Verbreitung ganz außerordentlich gefördert haben.

Es wird eine lange Reihe von Generationen erforderlich gewesen sein, bis die Zeichen der Kreuzung mehr und mehr zurücktraten, bis die Bastardstufe in der Entwicklung der Rasse überwunden war, das eigene Gepräge immer deutlicher durchdrang, ausgeglichenere Formen sich beständig erwiesen, bis der Whippet 1891 vom Englischen Kennelklub anerkannt wurde.

Ein wichtiges Moment in der Entwicklung des Whippets muß unbedingt hervorgehoben werden, nämlich daß die englische Zucht von Anfang an ausschließlich auf Leistungsfähigkeit ausgerichtet war. Nur dadurch ist es möglich gewesen, daß die Züchter diese Rasse in bezug auf Leistung auf eine so hohe Stufe der Vollendung gebracht haben.

Da heute als Maßstab für die Leistung nur noch die Rennleistung zählt, kann man mit Sicherheit behaupten, daß der Whippet, wenn man seine Größe zu der des Greyhounds ins Verhältnis setzt, der schnellste Hund überhaupt ist. Eine Merkwürdigkeit bleibt, daß dieser Windhund mit seiner eleganten Gesamterscheinung, also ein „Kunst"-Produkt der Hundezucht, die Schöpfung von Arbeitern ist. Przezdziecki drückt es kurz und prägnant in den Worten aus: „Der Whippet wurde nicht in Purpur, sondern in der Kohle geboren!"

Die ursprüngliche Verwendung des Whippets

Als die Bergleute und Fabrikarbeiter die Rasse Whippet schufen, geschah das aus der Not heraus. Die Arbeiter in England lebten in überaus ärmlichen und unterdrückten Verhältnissen, so daß der Hunger oft ihr Begleiter war. Da damals noch die Haltung von Windhunden nur dem Adel vorbehalten war, mußten die Arbeiter einen Hetzhund heranzüchten, dessen Größe bei der frevelhaften geheimen Kaninchenjagd in den Feldern nicht auffiel. Zudem war die Fütterung dieser kleinen, anspruchslosen Hunde wesentlich geringer, sollte doch von der erjagten Beute möglichst viel für den eigenen Kochtopf übrigbleiben.

Als sich die Rechte der armen Bevölkerungsschichten allmählich vergrößerten und damit die Verhältnisse besserten, wurden die Whippets – damals noch Whappets genannt – für sportliche Zwecke verwendet, was der bei den Engländern tief verwurzelten Wettleidenschaft entgegenkam. Das alte Sprichwort der Römer „Panem et circenses" – satt zu essen und Spiele im Zirkus – ist auch auf die Engländer anwendbar. Doch die neue Art der Kaninchenhetze stand nicht im Einklang mit den modernen Tierschutzgesetzen, da das Kaninchen nicht in seinem natürlichen Revier aufgestöbert und gehetzt, sondern erst mit Netzen gefangen und dann auf umzäunten Laufflächen ausgesetzt wurde, um den vom Slipper am Riemen gehaltenen Whippets als Hetzobjekt zu dienen. Bei dieser Art von Hetze hatte das Kaninchen keine Chance zu entkommen. Diese Art des Kaninchenschnappens (Rabbit Coursing) brachte der Rasse den Namen „Snap dog" (to snap = schnappen) ein. Dieser uns blutig anmutende „Sport" läßt sich nur vergleichen mit den leider auch betriebenen Hahnenkämpfen, Hundekämpfen und Rattenbeißen.

Der Fortschritt der Zivilisation setzte 1911 dieser Art von Hetze ein Ende, was vom moralischen Standpunkt aus wohl einen Sieg bedeuten mag, aber für die Rasse nicht unbedingt Vorteile mit sich brachte. Denn bei den Rennen, die anstelle von Kaninchenhetze traten, kam die Geschicklichkeit des Whippets bei Wendungen und Hakenschlagen leider nicht mehr in Betracht, sondern einzig die Schnelligkeit.

Der neue Sport fand nun nicht mehr auf weiten Rasenflächen, sondern auf schnurgeraden Rennbahnen statt. Bei diesen Rennen wurde keineswegs ein Hetzobjekt wie im heutigen Rennen verwandt, sondern die Besitzer der Hunde schwenkten hinter der Ziellinie ein Tuch (Rag), weshalb die Whippets damals auch „Rag Hound" genannt wurden. Das sonntägliche Vergnügen der begüterten Engländer bestand aus dem Besuch der Pferderennen. Da es sich bei den Besitzern der Whippets meist um arme Leute handelte, wurde der Whippet auch „the poor man's race horse", das heißt des armen Mannes Rennpferd, genannt. Heute nennt man ihn poetischer gern auch „Renngazelle".

Diese Rag Racings (Tuchrennen) fanden auf Aschenbahnen von 200 Yards (183 m) – 1 Yard = 91½ cm – statt und wurden in der Rekordzeit von zwölf Sekunden zurückgelegt. Das bedeutet eine glänzende Leistung angesichts der Tatsache, daß unsere heutigen Whippets nur geringfügig schneller sind, wo doch durch systematisches Training und bessere Fütterungsmethoden günstige Leistungsvoraussetzungen geschaffen wurden.

Ungeheuer wichtig bei einer so kurzen Rennstrecke war die Geschicklichkeit der Slipper. Sie hielten die Whippets meist an der Nackenhaut und Rutenwurzel. Sobald der Starter das Ablaufzeichen gab, nahmen die Slipper ihren Hund wie zum Ausholen zurück und warfen ihn gleichsam mit wohlberechnetem Schwung nach vorn in die Bahn. Dieses Amt des Slippers ist durch den Bau von Rennbahnen mit Startboxen und Hetzattrappen überflüssig geworden. Nur der Name wurde beibehalten und auf denjenigen übertragen, der den Hund zum Start führt.

Die Verbreitung des Whippets

Nach Amerika gelangten die Whippets aus den englischen Zentren der Textilindustrie durch englische Spinnereibesitzer, die Hund und Sport nach Massachusetts, einem amerikanischen Zentrum dieses Industriezweiges, brachten. Ihre Ausbreitung in Amerika nahm in Richtung Maryland ihren Anfang und setzte sich dann fort über weite Teile des Kontinents.

Den Sprung über den Ärmelkanal machte der Whippet um die Jahrhundertwende und fand eine neue Heimat in Deutschland, den Niederlanden, in Österreich und der Schweiz.

Die Anfänge der deutschen Whippetzucht waren mit gewissen Schwierigkeiten verbunden, da man begann, Whippets zur Auffrischung von bereits in Deutschland heimischen Windspielen in diese einzukreuzen. Zu groß geratene Windspiele wurden kurzerhand den Whippets zugeordnet, und sie fanden sowohl in der Whippet- als auch der Windspielzucht Verwendung. Erst durch weitere Whippet-Importe aus England verschwand das Windspielblut allmählich. Heute sind aus der damaligen Whippet-Szene bedeutende Zuchtstätten nicht mehr wegzudenken, wie beispielsweise Hallerhütte, Wildfang, Rheinsberg und Burgfried. In den Stammbäumen vieler Whippets unserer Zeit sind ihre Zuchtprodukte noch zu finden.

Das Bild der Whippets war noch sehr uneinheitlich, ihre Gesamterscheinung glich in erheblichem Maße vielfach einem kleinen Greyhound, das andere Extrem den Windspielen. Die heutige Gesamterscheinung ist so gefestigt, daß sie sich von beiden Rassen klar abgrenzen läßt. Vor allem die so verpönten Stehohren der damaligen Whippets sind heute gänzlich verschwunden.

Obwohl die Whippets die jüngste Windhundrasse sind und stets Probleme mit der Einhaltung der vorgeschriebenen Größe haben werden, sind sie aus dem Kreis der Windhunde nicht mehr wegzudenken und werden diesen Platz auch in Zukunft nicht verlieren.

Das Wesen der Whippets

Über den Charakter der Whippets gibt es nur Gutes zu sagen. Sie sind zweifellos die gelehrigsten unter den Windhunden und passen sich am leichtesten den Menschen an. Der Whippet zeigt nicht die Würde des Greyhounds und nicht die Verspieltheit des Windspiels, jedoch ist er mit seinem feingemeißelten Kopf, den zurückgelegten kleinen Ohren und seinen wachsamen Augen

Züchtungen um etwa 1930.
Whippet mit Greyhound-Exterieur

eine unübersehbare Erscheinung. Er scheut trotz seines feinen, weichen Haarkleides weder Wind noch Wetter und besitzt ausdauernde Kraft. Er schätzt die häusliche Atmosphäre, wo er stundenlang möglichst in Sitzhöhe des Menschen ausharren kann, ist aber jederzeit bereit, seinen Besitzer auf Spaziergängen zu begleiten. Hat er sich im Gelände ausgetobt, kehrt er willig zu seinem Herrn zurück und ist dann ein folgsamer Hund.

In tiefem gelöstem Schlaf nimmt er oft Stellungen ein, die Sorglosigkeit höchsten Grades ausdrücken, wie Liegen auf dem Rücken, die Läufe ohne Halt frei in der Luft. Auch er ist ein Meutehund und liebt die Geselligkeit mit anderen Hunden. Wegen seines handlichen Formats und weil er nicht grundlos bellt, ist er ein Hund, der auch gut in einer Etagenwohnung gehalten werden kann, vorausgesetzt, man gewährt ihm die erforderliche Bewegung im Freien. Auch auf Reisen ist er ein bequemer Begleithund, da er gern Auto fährt und auch in einem Restaurant oder Hotel sich gesittet benimmt. Für seine Größe besitzt er erstaunlichen Mut und Schneid und wird in kritischen Situationen unerschrocken zum Angriff übergehen. In solchen Augenblicken spürt man das Terrierblut in seinen Adern. Er ist treu und anhänglich und gegenüber Kindern ein nachsichtiger Spielgefährte. Trotz seines eleganten Äußeren ist er ein kleines Muskelpaket und bei richtiger Fütterung ohne jeden Fettansatz. Er verfügt über eine ungeheure Sprungkraft. So kommt es oft vor, daß er aus dem Stand heraus seinem Besitzer an die Brust springt und erwartet, daß dieser ihn sicher auffängt. Auf der Rennbahn entfesselt er sein ganzes Temperament, ist ein sicherer Läufer, ein unermüdlicher Kämpfer und zeigt nie ermüdend seinen ganzen Ehrgeiz.

Wegen seiner ansprechenden Größe, etwa zwischen 44 und 51 cm, und wegen seiner hervorragenden Eigenschaften besitzt er heute überall eine große Anhängerschar, die ihm weiterhin die Treue halten wird.

Standard des Whippets

Allgemeines Erscheinungsbild. Ausgewogene Kombination von Muskelkraft und Stärke mit Eleganz und Grazie der Umrißlinien. Für die Geschwindigkeit und Leistung gebaut. Jede Form der Übertreibung muß vermieden werden.
Charakteristika. Ein idealer Begleiter. In hohem Maße anpassungsfähig in häuslicher und sportlicher Umgebung.
Wesen. Freundlich, anhänglich, ausgeglichen.
Kopf und Schädel. Lang und trocken, flacher Oberkopf, zum Fang mit leichtem Stop verlaufend, ziemlich breit zwischen den Augen, kräftige und klar gezeichnete Kiefer, schwarzer Nasenschwamm, bei blauen Hunden ist eine bläuliche Nase erlaubt, bei leberfarbenen Hunden ist eine leberfarbene Nase, bei weißen Hunden oder Schecken ist eine Schmetterlingsnase zulässig.
Augen. Oval, strahlend, sehr aufmerksamer Ausdruck.
Ohren. Rosenförmig, klein, feinledrig.

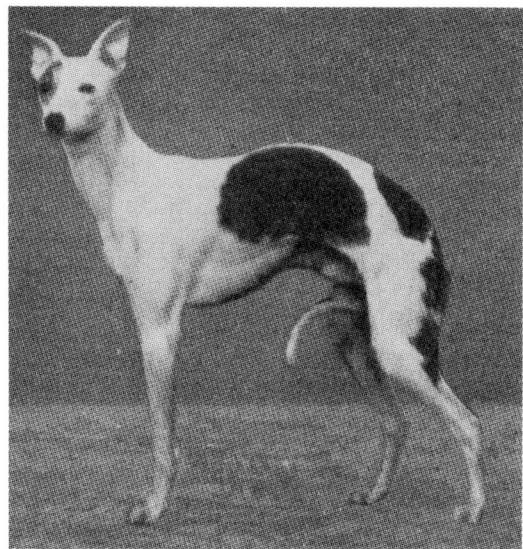

Whippet mit
Windspiel-Exterieur

Gebiß. Kräftige Kiefer mit einem perfekten, regelmäßigen und vollständigen Scherengebiß, d. h., daß die oberen Schneidezähne die unteren Schneidezähne eng übergreifen und rechtwinklig zu den Kiefern stehen.

Hals. Lang, muskulös, elegant gebogen.

Vorhand. Schultern schräg und muskulös, Schulterblätter bis zur Wirbelsäule reichend, wo sie sich deutlich abzeichnen. Vorderläufe zwischen Ellenbogen und Pfoten gerade und senkrecht, Front nicht zu breit, Fesseln stark, leicht federnd, Ellbogen gut unter den Rumpf gestellt.

Rumpf. Brust sehr tief mit viel Platz für das Herz, tiefe Brust, gut abgezeichnet, breiter, fester Rücken, eher lang, mit deutlichem Bogen über der Lende, aber nicht bucklig. Die Lende erweckt den Eindruck von Stärke und Kraft. Rippen gut aufgewölbt, am Rückenansatz gut bemuskelt.

Hinterhand. Stark, breit über den Oberschenkeln, gut gewinkelte Kniegelenke, tief gestellte Sprunggelenke, gut entwickelte Unterschenkel. Der Hund vermag im Stand viel Boden zu decken und große Schubkraft zu zeigen.

Pfoten. Sehr klar umrissen, Zehen gut voneinander abgesetzt, gut aufgeknöchelt, dicke und starke Ballen.

Die Whippet-Hündin Funny Girl verkörpert das heute gefestigte Erscheinungsbild ihrer Rasse

Alice Pearl – eine aparte
Whippet-Schönheit

Rute. Keine Befederung. Lang sich verjüngend. In der Aktion feine Aufwärts-
biegung, aber nicht über den Rücken erhoben.

Gangart/Bewegung. Frei, Hinterläufe gut unter den Körper vorgreifend, um
Schub zu geben. Vorderläufe mit weitem Vortritt tief über dem Boden, parallel
im Kommen und Gehen. Bewegung insgesamt weder gestelzt noch hochstep-
pend, kurztrittig oder tirrelnd.

Haarkleid. Fein, kurz, anliegend.

Farbe. Jede Farbe oder Farbmischung.

Größe. Schulterhöhe   der Rüden: 47–51 cm,
                 der Hündinnen: 44–47 cm.

Anmerkung. Rüden müssen zwei offensichtlich normale, voll abgestiegene
Hoden im Skrotum aufweisen.

Der Rauhhaarwhippet

Schon seit Ende des vorigen Jahrhunderts war in England eine Varietät bekannt, der Rauhhaarwhippet. Dieser ist in England nie als selbständige Rasse anerkannt worden, obwohl er sehr verbreitet war. Im Jahr 1913 gelangte das erste Exemplar nach Deutschland.

Der Ausbruch des Ersten Weltkrieges vereitelte eine systematische Weiterzucht. Nach 1918 wurden vereinzelt wieder Rauhhaarwhippets importiert. Die Zuchtbasis war jedoch so schmal, daß die Züchter eine Paarung mit kurzhaarigen Whippets vornahmen, so daß in den Würfen sowohl kurzhaarige als auch rauhhaarige Whippets fielen. Die UICL erstellte Rassekennzeichen mit folgendem Wortlaut:

Allgemeine Erscheinung. Mit Ausnahme der Behaarung in allen Punkten dem Glatthaarwhippet entsprechend. Das Haar muß einwandfreies Rauhhaar sein, hart, drahtig mit dichter Unterwolle.

Besonders zu achten ist auf eine gerechte Behaarung des Schädels, da diese eine stets einwandfreie Decke des übrigen Körpers im Gefolge hat. An Unterbrust, Bauch und Innenseite der Läufe ist die Behaarung in der Regel etwas weicher.

In den zwanziger Jahren wurden immer wieder Versuche unternommen, die Rasse in größerem Maße aufzubauen, jedoch verschwanden die Rauhhaarexemplare meist in Liebhaberhänden, wo sie für die Zucht verlorengingen. Auch nochmalige Importe vermochten nicht, trotz selbst im Ausland anerkannter Erfolge, die Rasse weiterzubringen und den Kreis der Züchter auf eine breitere Grundlage zu stellen. Jahrelang schien es so, als ob die Rauhhaarzucht vollkommen eingeschlafen war.

Erst im Jahre 1936 wurden auf einer Ausstellung in Dresden wieder Rauhhaarwhippets vorgestellt.

Von einem dieser Hunde wird gesagt, daß er ein sehr harsches Haarkleid aufwies, das sich wie ein „Kokosteppich" anfühlte.

Über die Eigenschaften des Rauhhaarwhippets wird berichtet, daß in ihnen ein unerklärliches „Etwas" steckte, das sie mit einer fanatischen Anhänglichkeit, Treue und Wachsamkeit ausgestattet hat. Auch ihre Wetterfestigkeit wird als Vorzug betont sowie ein unbändiger Ehrgeiz im Rennen und eine bemerkenswerte Schärfe.

Doch alle Bemühungen um diese Varietät verliefen letztlich im Sande, da sie nur geringe Chancen auf Ausstellungen erringen konnte, weil ihre eleganten Linien unter dem Rauhhaar nicht zur Geltung kamen und weil es den Züchtern auch nicht gelang, ein erbmäßig einheitliches Erscheinungsbild zu erreichen.

Die Entstehung dieser Rauhhaarwhippets ist nie ganz geklärt, jedoch liegt die Vermutung nahe, daß die Engländer eine Kreuzung zwischen der Glatthaarrasse und Bedlington-Terriern vorgenommen haben.

Rauhhaar-Whippet Primus Sagitta,
etwa 1924

Roderich v. Sachsenwald,
Champion 1924

Heute gibt es keine Rauhhaarwhippets mehr; gelegentlich zeigt sich bei einem Glatthaarwhippet nur eine etwas längere Behaarung, insbesondere an der Rute, ein Beweis dafür, wie jung die Rasse im Vergleich mit den anderen Windhundrassen ist.

Offen bleibt die Frage, ob das Verschwinden dieser Varietät zu bedauern ist.

Das Italienische Windspiel

Geschichte des Windspiels

Will man über das Italienische Windspiel schreiben, kommt man nicht umhin, sich ebenfalls mit der Vergangenheit dieser Rasse zu befassen. In der wenigen Literatur speziell zu dieser Rasse mischen sich Funde, Legende und Schlußfolgerungen, so daß es schwer ist, Wahrheit und Vermutungen zu unterscheiden. Unzweifelhaft ist, daß schon in der vorchristlichen Zeit neben dem großen Windhund eine besonders kleine glatthaarige Form bestanden hat. Es bestehen allerdings außergewöhnliche Schwierigkeiten, nach altägyptischen Darstellun-

Windspiel-Mutter und Kind. Was gibt es dort oben zu sehen?

gen auf die Größenverhältnisse der Hunde zu schließen, da die Wesen oft nicht im wirklichen Verhältnis zueinander stehen, sondern nach ihrer jeweiligen Bedeutung oder den räumlichen Verhältnissen abgebildet wurden. Dennoch kann man Rückschlüsse auf das Vorhandensein einer kleinen Varietät des kurzhaarigen Windhundes ziehen. Frau Dr. Sackmann ist es zu verdanken, daß der als „schakalähnlich" bezeichnete Schädel möglicherweise einer frühen Form des heutigen Windspiels zugeordnet werden kann. Diese Schlußfolgerung ist erlaubt, da Frau Dr. Sackmann zwei Windspielschädel in den 50er Jahren vermessen hat, die Übereinstimmungen in den Maßen mit dem „schakalähnlichen" Schädel zeigten. Die zwei Windspielschädel befinden sich in der Sammlung der Albert-Heim-Stiftung des Naturhistorischen Museums Bern. In weiten Kreisen herrscht heute die Überzeugung vor, daß zu den Kostbarkeiten des Museums in Kairo mumifizierte Windspiele zählen. In der Pharaonen-Zeit wurden diese kleinen Hunde schon zur Unterhaltung und Gesellschaft bei den Damen der herrschenden Schicht gehalten. Die Ägypter liebten ihre kleinen Windspiele sehr. Herodot berichtet, daß sie, wenn der kleine, treue Freund starb, sich zum Zeichen der Trauer die Haare abschnitten und den Hund in kostbaren Sarkophagen beisetzten.

Beim Tod hoher Persönlichkeiten wurden den Verstorbenen für das Weiterleben im Reich der Toten gemäß dem damaligen Glauben Sklaven, Lebensmittel, Utensilien des täglichen Gebrauchs und wertvolles Geschmeide in den Pyramiden beigegeben. In den in unmittelbarer Nähe der Hauptpyramide errichteten Kammern hat man Mumien gefunden, die man für einbalsamierte Windspiele hält. Der schlüssige Beweis kann jedoch nicht erbracht werden, da diese Mumien in Leinentücher eingeschlagen sind, die nicht entfernt werden können wegen der Gefahr des Verfalls. Das würde die Annahme bekräftigen, daß die Ägypter ihren Hunden Rechte einräumten, die ihnen den Charakter heiliger Tiere verliehen, es aber dennoch nicht über sich brachten, die Leichen ihrer Hunde innerhalb der geheiligten Umfassungsmauer, wo die Gräber ihrer Könige sich befanden, zu begraben.

Als Legende über die Herkunft des Windspiels wird in der Literatur überliefert, daß Cleopatra Cäsar Windspiele zum Geschenk machte als Zeichen ihrer Verehrung. Das kann als Beweis für das hohe Ansehen der Windspiele gelten. Nach dieser Auffassung nahmen also die Windspiele den Weg von Ägypten nach Rom. Das Windspiel fand schnell Verbreitung in den herrschaftlichen Häusern der vornehmen Römer. Durch die Ausbreitung des Römischen Reiches sowie durch die Vermählung des europäischen Hochadels mit adligen italienischen Damen, die ihre Lieblinge mitnahmen, fanden die Windspiele auch Einlaß in anderen europäischen Fürstenhäusern. Über viele Jahrhunderte ist diese Auffassung unbestritten geblieben. Erst in jüngster Zeit gibt es einige Anhänger der Auffassung, daß die Windspiele von Griechenland nach Italien gekommen sind. Dann müßte Cäsar Cleopatra die Windspiele geschenkt haben, was den alten Überlieferungen widerspricht.

Für einige Jahrhunderte n. Chr. verlieren sich die Spuren des Italienischen Windspiels. Erst im Mittelalter finden wir wieder sehr viele Darstellungen in Form von Skulpturen und Gemälden sowie Erwähnung dieser Rasse in alten Schriften. Zu diesem Zeitpunkt hat sich das Erscheinungsbild des Italienischen Windspiels schon so gefestigt, daß man von einer Rasse im kynologischen Sinne sprechen kann. Allerdings bestand hinsichtlich der Farbe ein anderer Geschmack als heute. Bevorzugt wurden weiße und gescheckte Windspiele, wie wir sie zahlreich in Gesellschaft von adligen Personen abgebildet finden. In der Größe bestanden beträchtliche Unterschiede, aber aufgrund der Allüren und der charakteristischen Merkmale sind sie alle dem Windspieltyp zuzuordnen. Das besonders kleine Windspiel, oftmals mit einem Gewicht um 3 kg, wurde als Salonhund von den Damen bevorzugt, während die Windspiele um 5 kg von den Herren zur Jagd geführt wurden. Das Windspiel wurde im Jagdeinsatz zusammen mit dem Falken auf kleines Flugwild, Kaninchen und Hasen verwendet. Das Privileg der herrschenden Schicht, Windspiele zu halten, ging verloren durch den schleichenden Prozeß des Erwerbs von immer mehr Rechten für die einzelnen Stände wie Handwerker, Kaufleute, Bürger und so weiter, so daß auch diesen Schichten des Volkes die Haltung von Windhunden ermöglicht wurde.

Der Alte Fritz und seine Windspiele

Windspiele sind mit dem Namen und mit dem Bild Friedrichs des Großen für alle Zeiten untrennbar verbunden. Dieser König, der gegen die Menschen so oft entwürdigend streng war, ja noch strenger und härter gegen sich selbst, zeigte in besonderer Weise große Liebe zur wortlosen Kreatur, besonders aber zu seinen Windspielen, was ihn in einem freundlicheren Lichte zeigt.

Er hielt ständig zwischen 40 und 80 Windspiele, die von zwei Jägern betreut wurden. Ein Bediensteter, der seinen Windspielen Ungemach zufügte, konnte dem Zorn des Königs nicht entgehen.

Über die Größe seiner Windspiele gehen die Meinungen auseinander. Nach den Bildern von Prof. Schöbel und Adolph von Menzel gleichen sie eher Whippets, dagegen stehen Überlieferungen von Zeitgenossen am Hofe des Königs. So trug er oft ein Windspiel, wenn er zu Pferde saß, an der Brust in seiner Weste, was für die Kleinheit des Hundes spricht.

Dieser Herrscher war fast nie ohne Begleitung seiner Windspiele. Beim Flötenspiel in Sanssouci und auch auf dem Schlachtfeld war er stets von ihnen begleitet. Des Nachts schliefen sie in seinem Bett, und an der Tafel erhielten sie etwas aus der Hand des Königs. Bekannt sind heute noch seine beiden Lieblingshunde Biche und Alkmene.

Von Alkmene erzählt man sich folgende Geschichte: Es erschien dem König ein herrlicher Spaß, das kleine Geschöpf bei seiner Geburt auf den Namen der Herkules-Mutter zu taufen. Erwachsen wog Alkmene nicht mehr als vier

Friedrich der Große mit seinen Windspielen

Pfund. Sie war das feinste und edelste Produkt der vieljährigen Zucht, das zierlichste und bezauberndste Windspiel, das es wahrscheinlich auf der ganzen Erde gab. Sie konnte der König auch dann noch auf seinen Armen umhertragen, als seine Gicht immer schlimmer wurde. Alkmene verließ ihn keine Stunde. Immer saß sie auf einem Stuhl neben dem seinen auf einem Daunenkissen, das kaum eine Mulde zeigte von ihrem kleinen Körper.

Als der König die Garnison von Neiße besichtigte, jagte ein Kurier auf schaumbedecktem Pferd heran und übergab dem König eine Depesche. Alkmene war tot. Fast brach der harte Mann unter dieser Kunde zusammen. Elend und krank trat er die Rückreise nach Potsdam an und überwand sie in drei Tagen. Man hatte Alkmene auf einen Tisch gelegt und mit einem Glassturz überdeckt, der sonst eine Uhr bedeckte. Schon dieser Umstand dürfte auf ihre Kleinheit schließen lassen.

Biche wurde dadurch berühmt, daß sie 1745 in der Schlacht bei Soor eine Beute der Österreicher, aber vom General Nadasny an den König zurückgegeben wurde. Von Biche erzählt die Sage, daß sie zweimal dem König die Feder

41

aus der Hand genommen habe, als er nach seiner Gewohnheit bis spät in die Nacht hinein arbeitete. Biche soll dem König auch einmal das Leben gerettet haben, als der König einst vor Panduren unter eine Brücke flüchten mußte. Biche, die sonst beim geringsten Anlaß bellte, verhielt sich völlig ruhig, und so gingen die Feinde am König vorüber, ohne ihn zu entdecken.

Die Lieblingshunde des Königs haben in Sanssouci eine eigene Begräbnisstätte, wo sie nach ihrem Ableben in ausgemauerten Grüften mit allem Pomp in prächtigen Särgen beigesetzt wurden. Friedrich der Große ließ ihre Namen in Steine hauen, diese Steine auf die Gräber setzen und so das Andenken seiner Lieblinge in königlichen Denkmälern verewigen – eine Ehre, die nur wenigen Generälen widerfahren ist. Diese Grabmäler sind noch heute erhalten. Daß Friedrich der Große das Windspiel so bevorzugte, lag wohl in der Zeit. Das Windspiel war ein echter Rokokohund. Der König liebte die Feinheit des Windspiels, die anmutig klaren Linien. Diese Hunde und sein Geschmack waren so unpreußisch wie nur möglich. Sie waren alles, was sein Preußen und seine Mark nicht hatten. Diese Italienischen Windspiele bedeuteten ihm nicht nur die Heiterkeit und den durchsichtigen Himmel von Florenz, sie waren als Gleichnis und Gruß sein kunstschönes freies Athen, sein elegantes Paris. Sein Sanssouci war ein Kloster, und er war der alte Abt. Was von feiner Sinnlichkeit, von leichtem Leben hier zu spüren war, es kam von den zierlichen Windspielen!

Das Windspiel seit der zuchtbuchgemäßen Erfassung und Erstellung von Rassekennzeichen

Um die Jahrhundertwende wurde das Italienische Windspiel den Zwerghunden zugeordnet und in einem bereits bestehenden Zwerghundeclub zuchtbuchgemäß erfaßt. Um diese Zeit entwickelte sich in England durch Kreuzungen von Greyhounds, Italienischen Windspielen und einigen Terrierrassen eine kleine Windhundform, die unter dem Namen Whippet als eigenständige Rasse anerkannt wurde. Um das Italienische Windspiel deutlich vom Whippet abzugrenzen, erstellte man Rassekennzeichen, die auf eine möglichst kleine Zwergform des Windspiels im Gewicht von 2 kg hinzielten. Der züchterische Ehrgeiz des Menschen zum Extrem bewirkte, daß in dieser Rasse starke Verzwergungsformen auftraten mit deutlichen Degenerationserscheinungen hinsichtlich der Fruchtbarkeit der Windspiele und dem heute so verpönten Apfelkopf.

Aufnahme in den Verband der Windhundliebhaber und zuchtbuchgemäße Erfassung im Windhundzuchtbuch Band I fand das Windspiel, um die Abstammung der ersten importierten und eingetragenen Whippets über Generationen verfolgen zu können, weil diese Whippets noch sehr viel Windspielblut führten. Um der weiteren Degenerierung der Windspiele entgegenzuwirken, wurden zur Stabilisierung der Rasse Whippets, die im Erscheinungsbild typmäßig

Wir Windspiele warten auf den Start

den Windspielen ähnelten, in die reine Windspielzucht eingekreuzt. Dies wirkte sich auf die Windspielrasse sehr vorteilhaft aus. Die schon begonnene Verzwergung konnte damit gestoppt werden. Die seit altersher gefestigte Erbmasse der Windspiele setzte sich in diesen Kreuzungsprodukten sehr stark und schnell wieder durch. Durch die Betreuung der Windspielzüchter im Windhundzuchtverband fand die Rasse einen züchterischen Aufschwung. Waren die Eintragungen im Zwerghundeclub sehr gering, so verdoppelten sich die Eintragungen der Windspielwürfe in kürzester Zeit. Die Vermischung des Windspiels mit Whippets fand bis in die zwanziger Jahre vereinzelt statt. Diese züchterische Freiheit der Rassenkreuzungen gilt heute als Bastardisierung und ist deshalb nicht mehr statthaft und auch keineswegs mehr erforderlich, da eine genügend breite Zuchtbasis rein gezüchteter Tiere für die Weiterzucht zur Verfügung steht.

Erst im Jahre 1935 erschien der erste offizielle Standard Nr. 200 des KCI (Kennel Club Italiens) für das Italienische Windspiel (le petit Lévrier Italien = levron). Bemerkenswert ist, daß zu diesem Zeitpunkt die Größe auf maximal 35 cm festgelegt wurde, bei einem Gewicht bis zu 3,5 kg. Hinsichtlich der Farben galten alle Grundfarben wie heute: schwarz, grau und isabell in allen Schattierungen. Erlaubt war weiß an der Brust und den Extremitäten, was im Verhältnis zum heute gültigen Standard eine großflächigere Weißzeichnung

Windspielhündin Uriella vom Sausewind (gew. 18. 8. 1989); V.: Ch. Kaballero vom Sausewind, M.: Kassandra de Viento, Z.: W. Peschges – Welt-Jugend-Sieger 1990, Verbands-Jugend-Sieger 1990, Bundes-Jugend-Sieger 1990, Landes-Jugend-Sieger NRW 1990, Landes-Jugend-Sieger Rheinland

zuließ. Bis zum Erscheinen dieses Standards des Ursprungslandes Italien finden sich nur Veröffentlichungen von Rassekennzeichen, die in der allgemeinen Erscheinung von einem Zwerghund sprechen mit einer Größe bis 35 cm, einem Gewicht von 4 kg und Farbangaben wie rein- und mischfarbig, auch einfarbig mit weißen Abzeichen.

Im Jahre 1962 erhält der Standard Nr. 200a Gültigkeit, wonach Größen für Rüden unter 32 cm und über 38 cm disqualifiziert sind. Für die Hündinnen ist als untere Grenze 1 cm Toleranzmaß eingebaut. Gewicht nicht über 4,5 kg für beide Geschlechter. Es handelt sich um einen höchst wissenschaftlich erstellten Standard von elf Seiten Umfang, nach dem sich nur schwer arbeiten ließ und der deshalb auch schon 1968 durch den Standard Nr. 200b ersetzt wurde, der heute noch Gültigkeit hat.

Im Standard 200a sind die Farbangaben wie in Nr. 200, jedoch ist Weiß nur noch an Brust und Füßen erlaubt. In Anbetracht des ehrwürdigen Alters der Windspiele ist es bedauerlich, daß Italien in wenigen Jahrzehnten die Weißzeichnung bei dieser Rasse immer mehr eingeschränkt hat, obwohl die Zucht von Schecken-Windspielen in den FCI-Ländern (insbesondere Österreich, Niederlande, Deutschland und Skandinavien) stark verbreitet war. Für die Niederlande konnte sogar gelten, daß Schecken genauso häufig anzutreffen waren wie einfarbige Windspiele.

Die weiße Farbe bei Windspielen galt immer als etwas Besonderes, und Züchter haben sich Jahrzehnte bemüht, rein weiße Windspiele zu züchten, obwohl diese Farbe vom Standard her nicht zulässig ist. Der Grund kann vielleicht darin gesucht werden, daß auf den alten Darstellungen von Windspielen immer wieder rein weiße Tiere oder weiße mit rötlichen Platten dargestellt wurden und die Züchter die Auffassung vertraten, daß die weißen Windspiele besonders hoch im Ansehen standen. Bekannt ist ja auch von anderen Tieren, daß weiße Exemplare besonders verehrt wurden, zum Beispiel weiße Elefanten in Indien und weiße Löwen in Afrika.

Dennoch hat es der FCI-Standard Nr. 200b vermocht, sich stark durchzusetzen. Es sind heute im Ausstellungswesen gescheckte Windspiele nicht mehr zu finden.

Erscheinung und Wesen des Italienischen Windspiels

Das heutige Windspiel ist durch einige herausragende Züchter geprägt, die nicht nur in der gesamten kontinentalen Zucht vorherrschend waren, sondern auch Einfluß auf die englische und überseeische Zucht genommen haben. Die allgemeine Auffassung, daß es sich bei dem Italienischen Windspiel um eine verkleinerte Form der beiden größeren Glatthaarrassen Greyhound und Whippet handelt, muß entschieden abgelehnt werden.

Das Windspiel unterscheidet sich in seinem Körperbau auffallend von den beiden anderen Rassen durch die Stellung der Gliedmaßen, seiner vertikalen Halshaltung und seiner auffallenden Gangart. Das Windspiel bewegt sich graziös und tänzelnd. Besonders auffällig ist die Bewegung der Vorhand. Die Läufe werden in der Aktion sehr hoch genommen und in einem schwungvollen Bogen weit nach vorn gesetzt. Im Gegensatz zu den anderen hier behandelten Rassen steht das Windspiel nicht in einem quadratischen Format, sondern in einem hochgestellten Rechteck.

Das Windspiel verfügt über ein ausgesprochen lebhaftes Temperament und liebt die Geselligkeit von Artgenossen und Menschen. Die Lernfähigkeit des Windspiels wird oftmals verkannt, weil es sich nicht zu Dressurakten eignet. Es ist jedoch in höchstem Maße lern- und anpassungsfähig. Allerdings befolgt es keine Kommandos, erfaßt jedoch schnell die jeweilige Situation, die es dann zu seinem Vorteil auszunutzen versteht. Durch seine Fähigkeit, die menschliche Sprache zu deuten, fügt es sich in idealer Weise in die Familie ein. Wichtig ist daher, bei aller Freiheit, die einem Windspiel zur Entfaltung seiner Persönlichkeit eingeräumt werden muß, ihm die Grenzen aufzuzeigen, die für die wechselseitige Harmonie im Zusammenleben zwischen Mensch und Tier förderlich sind.

Das Windspiel ist ein fröhlicher, immer gut gelaunter Hund, der seine Spielfreudigkeit bis ins hohe Alter behält. Auch aus diesem Grunde ist es von besonderem Vorteil, wenn das Windspiel mit seinem Geselligkeits- und Spieltrieb nicht als Einzelhund gehalten wird. In starkem Gegensatz zu seiner äußeren zarten Erscheinung stehen die Gesundheit und Robustheit des Windspiels. Bei artgemäßer Haltung erreicht es ein hohes Lebensalter von weit über zehn Jahren. Weitere Vorzüge sind seine Wachsamkeit, sein überwältigender Charme und seine bemerkenswert große Ausdauer, die es sowohl auf Renn-

45

Zwei Greyhound-Freundinnen

bahnen als auch bei ausgedehnten Spaziergängen unter Beweis stellt. Windspiele können auch große Entfernungen ohne die geringsten Anzeichen einer Ermüdung zurücklegen, wenn sie durch regelmäßige Bewegung die erforderliche Kondition erworben haben. Da Windspiele eine sehr zarte, dünne Haut haben, sind sie gegen Regen und große Kälte in gewissem Grade empfindlich. Hingegen wird Wärme und Sonne geschätzt. Als Schlafplatz sollte daher ein erhöhter, warmer Platz angeboten werden. Das Windspiel ist sehr anschmiegsam und liebt den körperlichen Kontakt mit dem Menschen. Die empfangene Liebe versteht es, in zärtlicher Zuneigung vielfältig zu erwidern.

Die Zucht mit Windspielen

Obwohl das Windspiel als anerkannt alte Rasse gelten kann und über Jahrhunderte hoch in der Gunst des Menschen stand, ist sein Vorkommen in Deutschland heute gering. Man darf davon ausgehen, daß nicht mehr als 500 Exemplare in deutschem Besitz sind, allerdings mit steigender Tendenz, Grund dafür ist in erster Linie die geringe Zahl der zur Verfügung stehenden Zuchthündinnen und ferner die biologische Tatsache, die ihren Niederschlag darin findet, daß je kleiner die Rasse, um so geringer die Anzahl der geworfenen Welpen ist. Als wissenschaftlich untermauerte Tatsache muß man davon ausgehen, daß das Gesamtgewicht aller geborenen Welpen aus einer Hündin 12 Prozent des Gewichts der Mutterhündin ausmacht. Da das relative Geburtsgewicht, in Prozenten ausgedrückt, bei Windspielen sehr hoch ist (etwa 5 Prozent), bei mittelgroßen bis größten Rassen 2,5 bis 1,7 Prozent zum Vergleich beträgt, kann man schon aus diesen Zahlen ersehen, daß große Hunde viele Welpen und kleine Rassen wenig Welpen zur Welt bringen. Im Durchschnitt liegt die Welpenzahl einer Windspielhündin pro Wurf bei drei. Nehmen wir ein Geburtsgewicht von 200 Gramm für einen Windspielwelpen an, was durchaus der Realität entspricht, so ergibt das bei drei Welpen im Wurf bereits 600 Gramm. Eine normale Windspielhündin hat ein Gewicht von etwa 4000 Gramm und beweist damit, daß sie mit drei Welpen schon eine sehr fruchtbare Vererberin ist. Die Faustregel, daß der gesamte Wurf 12 Prozent des Gewichts der Mutterhündin ausmacht, ist hier mit drei Welpen schon überschritten.

Durch den stark einengenden Standard wird eine große Auslese bei dem Zuchtmaterial getroffen, so daß für die Zucht nur eine schmale Basis zur Verfügung steht. Aus diesen Schilderungen erklärt sich die Tatsache, daß der Besitz eines Windspiels auch heute noch eine Rarität und Kostbarkeit darstellt, die ihren Preis fordert.

Das sollte aber angehende Interessenten keinesfalls abschrecken, sich der Zucht der Windspiele zu widmen. Die Rasse ist in ihren Veranlagungen sehr natürlich geblieben, so sind Fortpflanzung und Geburt nicht mit Schwierigkeiten verbunden. Finanzielle Erwartungen darf man mit der Zucht von Windspielen aber keineswegs verknüpfen. Diese alte Rasse, die durch Gesundheit,

Vitalität und besondere Ästhetik besticht, hat es verdient, auch in der Zukunft einen Liebhaberkreis zu finden, der den besonderen Reiz dieser Rasse zu schätzen weiß.

Standard des Italienischen Windspiels

Einordnung in die wissenschaftliche Klassifizierung. Ein der Gruppe der Grajoiden zugehöriger Hund (nach der Klassifizierung von Pierre Megnin). **Ursprung der Rasse.** Italienisch. **Allgemeine Merkmale.** Langgliedrig, der Rumpf ist quadratisch. Seine Formen erinnern an die eines verkleinerten Greyhounds, insbesondere an die des Sloughis, wobei Feinheit und Eleganz der Linien übertrieben werden. Diese Eleganz wird im anmutigen Stand und in der Bewegung noch verstärkt. Es kann als ein Modell von Anmut und Vornehmheit bezeichnet werden, es ist flink, lernfreudig und anhänglich. **Kopf.** Langschädelig, die Gesamtlänge kann ¹⁄₁₀ der Widerristhöhe betragen. Schädel und Fang haben die gleiche Länge. Die oberen Längsachsen von Schädel und Fang verlaufen parallel zueinander. Ganz wenig Stop, flacher Schädel; die Haut muß glatt und gespannt sein. Der Bereich unter den Augenhöhlen muß gut ausgeprägt sein. **Nasenspitze.** Dunkle, vorzugsweise schwarze Färbung. **Gebiß.** Gesundes, vollständiges Scherengebiß. **Fang.** Spitz, mit dunkel pigmentierten Lefzenrändern. Schleimhäute an der Verbindungsstelle der Lefzen nicht sichtbar. Die Lefzen sind dünn und liegen fest am Kiefer an. **Augen.** Groß, ausdrucksvoll, der Augapfel ist weder tiefliegend noch hervortretend, weder Extropium noch Entropium. Die Iris soll dunkel sein, die Lidränder dunkel pigmentiert. **Ohr.** Es soll schön hoch angesetzt, klein und dünnknorpelig sein. Das Ohr ist in sich gefaltet und wird nach hinten auf den Nacken und auf den oberen Teil des Halses getragen, so daß das Innere des Ohres sichtbar ist.

Bei Aufmerksamkeit wird der vordere Teil des Ohres aufgerichtet, der obere Teil waagerecht getragen, eine Stellung, die allgemein als „dachartig" bezeichnet wird. **Hals.** Genauso lang wie der Kopf, mit leicht gewölbtem, oberen Profil und unvermittelten Übergang in den Widerrist. Trocken, ohne Wamme. In Höhe des Schildknorpels ist das Profil leicht vorgewölbt.

Vorhand

Schulter. Wenig schräg, bedeckt mit trockenen und vorstehenden Muskeln. **Oberarm.** Der Winkel Schulter-Oberarm ist sehr stumpf und verläuft parallel zur Mittellinie des Körpers. **Unterarm.** Sehr feiner Knochenbau, senkrecht geradestehend von vorn und von der Seite. Ellbogen weder nach außen noch nach innen gekehrt. Die Höhe des Ellenbogens vom Boden ist nur wenig größer als die Höhe vom Ellbogen bis zum Widerrist.

Mittelhand. In der Profilansicht müssen die Mittelhandknochen sich gut biegen; sie folgen der senkrechten Linie des Unterarms mit einem Minimum an Gewebe unter der Haut, trocken.

Pfoten. Vorne klein, trocken, fast oval, Zehen gut gebogen und dicht zusammenstehend. Sie sind bedeckt mit sehr kurzem und dichtem Fell.

Ballen und Zehenpolster sind dunkel pigmentiert, besser schwarz. Die Krallen sollen im Verhältnis zur Farbe des Felles schwarz oder dunkel und mit dem Weiß an den Füßen, das zulässig ist, vereinbar sein. Die Hinterpfoten sind weniger oval als die Vorderpfoten, mit den gleichen Eigenschaften.

Rumpf. Die Länge des Rumpfes ist geringer als die Widerristhöhe, oder höchstens gleich lang. Das obere Profil des Rückens verläuft gerade, der Rücken-Lendenbereich ist gebogen. Der hintere Teil des Lendenbogens verläuft harmonisch in die Kruppe.

Brust. Die Brust ist schmal, die Rippen sollen bis zu den Ellbogen hinabreichen.

Bauch. Das untere Profil des Bauches ist sehr aufgezogen; die Kruppe ist stark abfallend.

Rute. Tief angesetzt und schon an der Wurzel fein, verjüngt sie sich bis zur Spitze. Sie ist von kurzem Haar bedeckt. Die Rute wird in ihrer ersten Hälfte senkrecht und in der zweiten Hälfte gebogen getragen. Um die Länge zu messen, zieht man die Rute zwischen den Hinterläufen bis zur Hüfte hoch. Die Rute soll die Hüfte dann um weniges überragen.

Geschlechtsteile. Beide Hoden voll entwickelt und im Hodensack.

Hinterhand

Oberschenkel. Lang, trocken, mit deutlich voneinander getrennten, aber nicht umfangreichen Muskeln.

Unterschenkel. Feinknochig, Auskehlung am Sprunggelenk gut sichtbar, stark gewinkelt.

Fell und Haarkleid. Fell dünn, an allen Stellen des Körpers gut anliegend mit Ausnahme an den Ellbogen, wo es locker ist. Fell kurz und fein.

Farben. Einfarbig, schwarz, schiefergrau und isabellfarben in allen Schattierungen. Weiß an Brust und Füßen ist zulässig.

Gangart. Tänzelnd, elegant.

Widerristhöhe. Mindestens 32 cm, höchstens 38 cm.

Gewicht. Höchstens 5 kg.

Kauf – Haltung – Zucht

Erwerb und Aufzucht eines Junghundes

Hat man sich zum Erwerb eines Windhundes entschlossen, so sollte man keinen überstürzten Kauf vornehmen, sondern sich Zeit lassen wie bei anderen Erwerbungen auch. Ist man Mieter einer Wohnung, so empfiehlt sich vorab die Klärung einiger Fragen. Läßt der Mietvertrag eine Haltung von Hunden überhaupt zu? Sind keine entsprechenden Einschränkungen vorhanden, emp-

Windspiele vom Sausewind – oben: Vater Ch. Kaballero vom Sausewind, isabell, links: Tochter Ch. Petite Pushpa vom Sausewind, isabell, rechts: Tochter Ch. Pepita vom Sausewind, hellisabell, unten: Mutter Kassandra de Viento

fiehlt es sich, vom Eigentümer seine Zustimmung schriftlich zu erwirken. Mündliche Zusagen haben schon zu mancherlei Verdruß geführt, zum Beispiel beim Eigentumswechsel. Ist man Eigenheimbesitzer, ist eine Vorbereitung der Nachbarn angezeigt. Man sollte bedenken, daß nicht alle Menschen Hundefreunde sind und nur die Rücksichtnahme auf die Mitmenschen ein reibungsloses Zusammenleben ermöglicht. Der Charme der Windhunde wird dann mit Sicherheit auch die Herzen der bis dahin nicht so hundebegeisterten Anwohner im Sturm erobern.

Den Kauf eines Windhundes sollte man in jedem Falle nur bei einem Züchter des DWZRV tätigen. Der DWZRV ist bemüht, mit seinen Bestimmungen die Zucht zu fördern und durch die Landeszuchtwarte die Aufzucht der Welpen zu überwachen. Keinesfalls sollte man sich verleiten lassen, beim Händler oder gar im Kaufhaus einen Welpen zu erstehen. Erfahrungsgemäß sind bei diesen durch mangelnde Aufzuchtsbedingungen und Kontaktarmut sowohl die Gesundheit als auch das so wichtige Sozialverhalten durch zu frühe Absonderung von der Mutterhündin vielfach gestört. Der DWZRV ist jedem Interessenten bei der Vermittlung eines Welpen kostenlos behilflich.

Der nächste Punkt betrifft die Wahl zwischen Rüde und Hündin. Sie unterscheiden sich durch äußere, biologische und Verhaltensmerkmale. Die äußeren Merkmale dürften allgemein bekannt sein. Zu erwähnen sind lediglich noch die größere Höhe und der kraftvollere Gesamteindruck des Rüden. Wichtig ist für das allgemeine Gepräge, daß sich auf den ersten Blick das Geschlecht bestimmen läßt.

Den biologischen Merkmalen fällt die größte Bedeutung zu. Der Rüde behält seine Vitalität unverändert über das ganze Jahr, während die Hündin einem Zyklus unterworfen ist. Die Hündin wird in bestimmten Abständen läufig und muß während dieser Zeit gut behütet werden, damit sich kein unerwünschter Nachwuchs einstellt. Nach der Hitze verliert die Hündin sehr schnell an Kondition, die am fiktiven Wurftag (auch wenn sie nicht belegt wurde) ihren Tiefpunkt erreicht. Erst am hundertsten Tag nach der Läufigkeit steigt ihre Leistungskurve wieder an. In dieser für die Hündin kritischen Zeit darf sie keinen übermäßigen Anstrengungen ausgesetzt werden, zum Beispiel Rennen, Fahrradtraining und ähnliches, muß aber dennoch Abwechslung geboten bekommen, damit die in dieser Zeit einsetzende Anfälligkeit der Gewichtszunahme gebremst wird. Das Gesäuge der Kurzhaar-Windhunde vergrößert sich im Vergleich zur Afghanen-Hündin nur sehr geringfügig.

Die Verhaltensmerkmale werden geprägt durch das Wesen und die Leistung der Geschlechter. Gleichermaßen vorhanden ist bei Rüde und Hündin der Hetztrieb. Bei den Rennen weisen die Rüden jedoch den größeren Erfolg auf. In England, wo die Geschlechter in den Rennen stets gemischt laufen, stehen beispielsweise die Greyhound-Rüden als Derby-Sieger weit an der Spitze. Nur gelegentlich ist es einer Greyhound-Hündin vergönnt gewesen, den Derby-Sieg davonzutragen. Das hängt aber natürlich mit ihrer geringeren Körperkraft und damit dem Durchsetzungsvermögen zusammen und ist auch von ihrer schwankenden Leistungskurve abhängig, die kurz vor der Hitze bei der Hündin ihren Höhepunkt erreicht. Der Rüde ist im Durchschnitt in seinem Wesen selbstbewußter, bis zur Aggressivität neigend, während die Hündin allgemein sanfter und anschmiegsamer ist.

Verantwortungsvolle Züchter geben die Jungtiere etwa zwischen der zehnten und zwölften Woche ab. Sie sind dann geimpft und tätowiert. Auf jeden Fall sollte der Käufer seinen Junghund beim Züchter persönlich abholen, damit er für den Hund schon im Augenblick der Übernahme zur Bezugsperson wird. Man muß sich darüber im klaren sein, daß die ersten Tage für den Welpen in der neuen Umgebung ohne Mutter und Geschwister eine große Umstellung bedeuten, die er mit Hilfe seines neuen Besitzers bewältigen muß.

Auch für den Besitzer beginnt eine aufregende Zeit. Er wird neben den zweifellos beglückenden Stunden, die die Aufzucht seines neuen Hausgenossen vermitteln, auch große Mühen in Kauf nehmen müssen. Der Junghund muß als erstes zur Sauberkeit erzogen werden, die mit Geduld und Einfühlungsvermögen mit einigen Ausnahmen bereits im Alter von vier Monaten bei Windhunden erlernt ist. Er muß ferner dazu angeleitet werden, über eine kurze Zeitspanne einmal im Hause allein zu bleiben, was nicht ganz reibungslos vonstatten gehen wird. Der junge Hund wird mit Sicherheit auch einigen Schaden anrichten und unter Umständen versuchen, Schuhe oder sogar Möbel anzunagen. Auch im Garten werden einige Pflanzen seinem Grabetrieb zum Opfer fallen. Man muß schließlich berücksichtigen, daß der Hund sich bis zu einem Jahr im Welpen- beziehungsweise Junghundalter befindet, wo er zu allerlei Schabernack aufgelegt ist. Hier muß mit Hilfe von Spielzeug ihm Ersatz geboten werden. Als Faustregel gilt übrigens: ein Hundejahr gleich ungefähr sieben Menschenjahre.

Es hat sich gezeigt, daß sich mit dem Erwerb eines Windhundes in den meisten Fällen auch eine Veränderung im Leben der Besitzer vollzieht. Alte Bekannte werden nicht immer Verständnis für den neuen Hausgenossen zeigen und sich eventuell allmählich zurückziehen. Als Gewinn steht dagegen, daß die vielen Ausstellungs-, Trainings- und Rennmöglichkeiten eine Bereicherung der Freizeitgestaltung darstellen. Viele neue Freunde im In- und Ausland werden gewonnen und viel Abwechslung durch die Organe des DWZRV geboten wie Symposien der einzelnen Rassen, Filmvorführungen, Vorträge, gemeinsame Spaziergänge, Feiern und Feste. Wohl kein Windhundbesitzer läuft Gefahr, in die soviel diskutierte Isolation oder Vereinsamung zu geraten. Auch das Generationsproblem wird durch die Freude am Windhund überbrückt, da im DWZRV alt und jung gemeinsam ihrem Sport nachgehen. Gesundheitsfördernd ist zudem noch der überwiegende Aufenthalt im Freien.

Bei Beginn der Übernahme eines Welpen ist zu bedenken, daß er anfänglich mindestens dreimal am Tag gefüttert werden muß, da der Magen noch nicht die Größe hat, um eine Tagesration aufzunehmen. Erst bei ausreichendem

Alter wird auf maximal zwei Mahlzeiten umgestellt. Einen Fütterungsplan erhält jeder Käufer eines Jungtieres vom Züchter ausgehändigt, da hierüber differenzierte Meinungen herrschen. In der Aufzucht bestehen jedenfalls heutzutage keine Schwierigkeiten mehr, da genügend Produkte angeboten werden, die alle Zutaten enthalten, um eine optimale Entwicklung zu garantieren. Wichtig ist lediglich, daß niemals Futterreste im Napf zurückbleiben, da sie einerseits verderben können und andererseits einen schlechten Fresser entwikkeln helfen. Empfehlenswert ist die Anbringung des Napfes in Kopfhöhe des Hundes. Das Schultergelenk des Hundes ist im Gegensatz zum Menschen kein Kugelgelenk, sondern nur mit Bändern aufgehängt, die sich sonst zu sehr dehnen und eine schleche Vorhand zur Folge haben. Diese Aufhängung der Vorhand ermöglicht die große Beweglichkeit des Hundes, so daß man deutlich das Heben der Schulterblätter über die Rückenhöhe beobachten kann, vergleichsweise wie bei den Großkatzen beim Anschleichen ihrer Beute.

Man kann nicht genug darauf hinweisen, von den Windhunden Eigenschaften zu erwarten wie von anderen Hunderassen. Der Vorteil der Rassehundezucht liegt im Gegensatz zu den Mischlingen darin, daß man von vornherein über Größe, Haarkleid und Wesensmerkmale in gewissem Rahmen unterrichtet ist. So wie beispielsweise der Bernhardiner als Lawinenhund und die Gebrauchshunderassen als Schutzhund ausgebildet werden können, so kann man vom Windhund nur die Hetzeigenschaft erwarten. Gelegentliche Versuche, einen Windhund in eine Gehorsams-Ausbildungsstätte zu geben, bedeuten eine völlige Verkennung seiner Wesensart. Es kommt ja auch wohl niemand auf die Idee, ein belgisches Brauereipferd etwa als Dressur- oder Springpferd ausbilden zu lassen.

Pflege der Haut und des Haarkleides

Will man der Haut und damit auch dem Haarkleid seines Hundes die richtige Pflege angedeihen lassen, so muß man sich fragen, welchen Zwecken die Haut bei den Lebensvorgängen des tierischen Organismus dient.

Die den ganzen Körper umschließende Außenschicht besteht aus der eigentlichen Haut oder Lederhaut und der Oberhaut. Die Lederhaut ist zäh und dehnbar und mit den darunter gelegenen Teilen durch die sogenannte Unterhaut, ein lockeres Bindegewebe, verbunden. Je nachdem wieviel oder wenig von diesem lockeren Bindegewebe vorhanden ist, liegt die Haut mehr lose oder fest dem Körper an.

In der Lederhaut sitzen die Haarwurzeln und die Hautdrüsen, deren Ausmündungen die Poren sind. Man unterscheidet Talg- und Schweißdrüsen. Erstere sondern eine fettige Masse ab, den Hauttalg, der die Haut geschmeidig erhält und die Haare einfettet. Während in der Haut des Menschen und vieler Tiere die Schweißdrüsen an fast allen Körperstellen zu finden sind, sind sie

Eine abgekämpfte Whippet-Welpenstube

beim Hund nur auf verhältnismäßig kleine Flächen beschränkt, und zwar auf die nackte Haut der Sohlenflächen der Pfoten. In der Lederhaut finden sich ferner Blutgefäße und Nerven.

Die Oberhaut ist eine dünne Zellschicht. Sie stößt sich auf der Oberfläche des Körpers ständig in Form von kleinen Schüppchen ab, während ihre untere Schicht erneuert wird.

Die Haut erfüllt nun mannigfache Zwecke. Sie schützt einmal den Körper gegen Einwirkungen von außen. An den Stellen, wo sie solchen besonders ausgesetzt ist, zum Beispiel an den Sohlen, ist sie daher auch verstärkt durch eine stark hornige Oberhaut. Weiterhin bewirkt das fetthaltige Sekret der Talgdrüsen einen Schutz gegen Nässe. Die Haut vermittelt die sogenannte Hautatmung, das heißt, es findet durch die Haut ein Gasabtausch mit der umgebenden Luft statt. Es werden Kohlensäure und Wasserdampf an dieselbe abgegeben, während geringe Mengen von Sauerstoff durch die Haut dem Körper zugeführt werden.

Ferner ist die Haut mit ihren Nervenenden Sitz des Gefühls und Tastsinns. Auch die im Körper erzeugte elektrische Energie steht in Beziehung zur äußeren Haut.

Die wichtigste Funktion der Haut ist die Regulierung der Körperwärme. Hierbei spielt das Haarkleid eine Rolle, indem zwischen den einzelnen Haaren eine Luftschicht stagniert, die als Isolator wirkt, da Luft bekanntlich ein schlechter Wärmeleiter ist. Die Körpertemperatur des Hundes beträgt durchschnittlich 38,0 bis 38,5 Grad. Steigt nun die Außentemperatur, so strömt mehr Blut nach der Körperoberfläche, und Wärme wird ausgestrahlt, der Körper will also das „Zuwarmwerden" vermeiden. Umgekehrt wird bei Sinken der Außentemperatur die Blutzufuhr eine geringere, infolgedessen gibt der Körper weniger Wärme ab.

Bei Tieren, deren Haut mit Schweißdrüsen versehen ist, wird durch das Verdunsten des Schweißes zusätzlich Wärme verbraucht, also Abkühlung bewirkt. Dies kommt beim Hund infolge Fehlens der Schweißdrüsen in der Haut (bis auf die Sohlen) kaum in Betracht. Der Hund beginnt zu hecheln und leitet diesen Vorgang über die Zunge ein.

Die Funktionen der Haut müssen bestimmend für die Pflege der Hunde sein, denn diese äußert sich im Befinden und Gedeihen. Die Pflege der kurzhaarigen Windhunde muß behutsam erfolgen, da sie eine besonders feine, dünne und damit empfindliche Haut besitzen. Zu empfehlen ist das Bürsten mit einer weichen Bürste. Durch das Bürsten werden abgestoßene Haare und Hautschuppen sowie Staub entfernt. Gleichzeitig übt das Bürsten einen Reiz auf die Blutgefäße der Haut aus, der sich in vermehrter Blutzufuhr äußert. Diese wiederum bedingt eine ergiebigere Ernährung und Kräftigung der Haut und Haare.

Ein Vollbad bei den Kurzhaarhunden erübrigt sich fast völlig. Gibt man ihnen dazu Gelegenheit, nehmen sie gern freiwillig ein Bad in einem See oder Fluß. Wichtig ist dann die anschließende Bewegung für den Trocknungsvorgang, damit keine Erkältungserscheinungen auftreten. Bei Spaziergängen im Regen genügt anschließend ein Fußbad. Man reinigt die Zehen dann mit einer weichen Nagelbürste, wobei die Nagelbetten nicht verletzt werden dürfen, und cremt sie anschließend ein.

Wenn man gesehen hat, wie in England die Renn-Greyhounds täglich eine Viertelstunde von Kopf bis zu den Zehen gebürstet werden, kann man beurteilen, wie sehr sie es genießen, sie stehen ganz ruhig und schließen vor Wohlbehagen die Augen.

Der Züchter

Taucht der Wunsch auf, in den Kreis der etablierten Züchter einzutreten, so wird damit gewiß keine leichte Aufgabe übernommen. In der Satzung des DWZRV ist gleich zu Anfang verankert: „Die Windhundrassen in ihrer Art zu erhalten und zu fördern".

Bei einer Rasse ist das Erscheinungs- und Vererbungsbild gefestigt. In der Weiterzucht können lediglich mehr oder weniger abweichende Korrekturen vorgenommen werden. Da man von einem Wesen wie dem Hund, der ungezählte Generationsfolgen hindurch der selbständigen Befolgung des Gesetzes von der Erhaltung eigener Art entfremdet wurde, zuchtsichere Instinkte nicht mehr erwarten kann, muß der Mensch eingreifen, um die Art zu erhalten. Wildtiere hingegen kennen keine „Promenadenmischungen". Bei den Haustieren als Folge ihrer Zähmung, das heißt Naturentfremdung, ist diese Möglichkeit gegeben. Der Züchter trägt daher die Verantwortung, die Rasse in ihrer Art zu erhalten. Er muß befähigt und willens sein, seine Zuchtergebnisse nüchtern und sicher auf ihren Vererbungswert zu beurteilen, und er darf nicht zögern, jedes als fehlerhaft erkannte Tier von der Nachzucht auszuschließen.

Die manchmal belächelten Ausstellungen haben in dieser Hinsicht ihre Berechtigung als Anreiz des züchterischen Eifers und als regelmäßig wiederkehrende Überprüfung der züchterischen Leistung. Einzig der Wunsch, als Züchter sich für die Verfolgung dieses Zieles einzusetzen, darf ihn bewegen, an seine Aufgabe heranzugehen.

Wenn man etwa glaubt, bei einem Wurf materiellen Gewinn erzielen zu können, so kann das geradewegs zur Katastrophe führen. Die Aufzucht von Jungtieren erfordert beträchtliche Anstrengungen und Aufwendungen. Wenn dann die Jungtiere nicht zum vorgesehenen Zeitpunkt verkauft werden können, weil Anfänger-Züchter sich noch keinen Namen erworben haben, können nicht zu bewältigende Schwierigkeiten auftreten.

Auch das alte Märchen, daß wesensschwache Hündinnen durch einen Wurf mehr Selbstbewußtsein entwickeln, ist längst widerlegt; im Gegenteil, die Hündin vererbt ihre Veranlagung auf ihre Welpen und ist zudem nicht in der Lage, sie in der Prägephase richtig anzulernen.

Auch der vielzitierte Grund, von einer Hündin ein Ebenbild für sich selbst heranzuzüchten, ist ebenso unklug. Schließlich behält man nicht den ganzen Wurf, sondern muß für die Geschwister Käufer finden, und jedes Jungtier hat Anspruch auf ein eigenes Erscheinungsbild und einen eigenen Charakter. Bei Vergleichen mit der Mutterhündin könnte es nur Enttäuschungen geben. Wichtig ist, den Unterschied zwischen Zuneigung zur Hündin und zuchtwertvoller Ausgangsbasis zu erkennen.

Zur Erläuterung für die Verantwortung der Züchter seien hier einige Zahlen aufgeführt. Nur 10 Prozent der Mitglieder des DWZRV sind in der Zucht aktiv. Davon machen weniger als ein Drittel drei und mehr Würfe. Diese Züchter sind die Träger und Stützen des Verbandes, bauen sie doch einen Stamm von Zuchttieren auf, von denen auch die neuen Züchter profitieren können.

Wenden wir uns nun den Voraussetzungen einer Zucht zu. Die auserkorene Hündin muß ein typvoller Vertreter ihrer Rasse sein und über einen gefestigten Charakter verfügen, um die Jungtiere richtig erziehen zu können. Auf die Wahl des Deckrüden sollte der Züchter allergrößten Wert legen. Er sollte keine Entfernung scheuen und nicht aus Bequemlichkeit einen Rüden „von nebenan" wählen. Ein erfahrener Züchter hat einmal sehr prägnant ausgedrückt, welche Voraussetzungen bei der Wahl eines Deckrüden maßgebend sein sollten: „Der Deckrüde muß ein erstklassiger Hund aus erstklassigen Eltern sein, blutmäßig verwandt mit der Hündin, ohne deren Fehler und mit den Vorzügen, die ihr fehlen!"

Bei der Aufzucht ist zu bedenken, daß die materiellen Voraussetzungen gegeben sein müssen, um die Mutterhündin und die Jungtiere bestens zu versorgen. Auch Tierarztkosten sind einzukalkulieren. Die Deckgebühr und eventuelle Reisekosten müssen eingeplant werden. Bis zur Abgabe der Jungtiere ist demnach ein kleines Vermögen zu verauslagen.

Ferner muß die räumliche Möglichkeit gegeben sein, damit die Jungtiere ausreichende Bewegungsmöglichkeit haben und die Mutterhündin sich von den Jungtieren absondern kann. Die Jungtiere müssen möglicherweise länger als ein Vierteljahr gehalten werden, wenn keine oder nicht die richtigen Interessenten gefunden werden. Kenntnisse in der Aufzucht sind unabdingbar, um Mutterhündin und Welpen artgemäß aufzuziehen und den späteren Käufern Ratschläge in der Haltung zu vermitteln.

Selbst über den Verkauf hinaus muß der Züchter das Wohl seiner Jungtiere im Auge behalten. Er muß bereit und in der Lage sein, von ihm gezüchtete und schlecht gehaltene oder überflüssig gewordene Hunde jederzeit zurückzuerwerben, damit ihnen ein trauriges Los erspart bleibt.

Der Wunsch nach Haustieren, insbesondere nach einem Hund, ist in unserer hochzivilisierten Welt außerordentlich groß. Auf der Passivseite steht dagegen die zum Teil ablehnende Haltung der Gemeinden gegenüber der Hundehaltung (hohe Steuern) und die Einengung des Lebensraumes der Windhunde wegen ihres Hetztriebes. Ein Gelände ausfindig zu machen, wo der Windhund seinem Bewegungsbedürfnis in der Freiheit nachgehen kann, stellt an die Findigkeit der Besitzer große Ansprüche.

Keinesfalls sollen diese Ausführungen der Abschreckung in der Zucht dienen, sondern lediglich die Illusionen mildern, die sich mancher Neuling in bezug auf das Züchten macht. Neue Züchter sind immer willkommen, wenn sie bereit und in der Lage sind, alle Vorbedingungen zu erfüllen.

Zuchtbestimmungen

Züchten oder, einfach ausgedrückt, einen Wurf in die Welt setzen, kann jeder, der im Besitz einer Hündin ist. Möchte man aber für seinen Nachwuchs das Zuchtbuch des DWZRV in Anspruch nehmen, so sind vorher einige Bedingungen zu erfüllen. Diese sind festgelegt in der Kör- und Zuchtordnung des DWZRV.

Grundlage der Zucht innerhalb des DWZRV ist die Reinzucht, das heißt die Paarung von Tieren gleicher Rasse. Rasse ist eine Gruppe von Einzeltieren innerhalb einer Art, die sich durch den gemeinsamen Besitz bestimmter Eigenschaften von anderen Artgenossen unterscheiden und diese Eigenschaften im allgemeinen auf ihre unter gleichen Verhältnissen aufwachsenden

Zwei- und vierbeinige Kurgäste am Nordsee-Strand in Holland

Nachkommen vererben (nach Kronacher). Es werden vier Zuchtmöglichkeiten unterschieden.

Fremdzucht ist die Paarung von Tieren gleicher Rasse, die nicht miteinander verwandt sind.

Linienzucht ist abgeschwächte Verwandtschaftszucht, bei der die Zuchttiere innerhalb der engeren oder weiteren Verwandtschaft sorgfältig nach ihren körperlichen und Wesensmerkmalen ausgewählt werden, um eine Zucht auf einen bestimmten Typ zu erreichen.

Inzucht ist die auf engerer Blutsverwandtschaft gegründete Zucht, in der ein Ahn mindestens je einmal auf Vater- und Mutterseite vertreten ist. Beispiele: Onkel und Nichte, Neffe und Tante, Vetter und Base, Großeltern und Enkel.

Inzestzucht ist die Paarung zwischen Eltern und Kindern oder zwischen Geschwistern, also Verwandten ersten Grades. Diese Paarung bedarf beim DWZRV besonderer Genehmigung.

Neuen Züchtern sollte auf jeden Fall die Linienzucht empfohlen werden, da sie die Erwartungen, die man in die Nachzucht setzt, am ehesten erfüllt.

Jeder beim DWZRV eingetragene Hund ist zur Zucht zugelassen, sofern er angekört ist. Als Züchter gilt derjenige, der eine zuchttaugliche Hündin zur

Zucht verwendet und diese am Tage des Belegens und vom Tage des Werfens bis zum Absäugen rechtmäßig besitzt.

Er ist verpflichtet, ein Zwingerbuch zu führen, die Welpen tätowieren und impfen zu lassen, alle Deckakte und Würfe dem zuständigen Landeszuchtwart des DWZRV zu melden und die Würfe im DWZB (Deutschen Windhundzuchtbuch) eintragen zu lassen.

Jeder Züchter kann einen Zwingernamen beantragen, der die Bedeutung eines Familiennamens hat. Alle Welpen müssen einen Rufnamen erhalten, der innerhalb eines Wurfes mit demselben Buchstaben beginnen soll. Die für die Jungtiere ausgestellten Ahnentafeln sind Urkunden im Rechtssinn.

Für Hündinnen gelten in der Zucht Mindest- und Höchstalter. Das Mindestalter am Decktag ist für Italienische Windspiele 15 Monate, für Whippets 18 Monate und für Greyhounds 22 Monate. Sie dürfen am Decktag höchstens acht Lebensjahre vollendet haben. Für Rüden gibt es keine Altersbegrenzung.

Beim Verkauf eines Hundes ist die Ahnentafel dem Käufer auszuhändigen. Jeden Eigentumswechsel hat der abgebende Eigentümer einzutragen und durch seine Unterschrift zu bestätigen.

Für die Zucht Verwendung finden können nur angekörte Hunde. Ein Hund kann unter Berücksichtigung seines Wesens angekört werden, wenn er frei von zuchtausschließenden Fehlern ist (Negativauslese) und dem Standard entspricht.

Whippets können nur innerhalb folgender Größen angekört werden: Rüden von 44,0 bis 51,0 cm, Hündinnen von 42,5 bis 48,0 cm.

Das Zuchtbuch des DWZRV bietet eine wichtige Grundlage für die Zucht, da sich durch die fortlaufenden Eintragungen die Ahnenreihen sowie die Nachkommenschaften der zur Zucht verwendeten Tiere verfolgen lassen. Das Zuchtbuch ist ein Nachschlagewerk für den Züchter und hilft ihm in Verbindung mit den Körergebnissen und Zuchtschaubewertungen bei der Zusammenstellung seiner Zuchtpaare.

Bis vor wenigen Jahren durften der Hündin zur Schonung nur sechs Welpen belassen werden. Da nach dem geltenden Tierschutzgesetz ein Wirbeltier nicht ohne Grund getötet werden darf, müssen nunmehr alle geworfenen Welpen aufgezogen werden. Aus diesem Grund sind je nach Wurfstärke Schonfristen für die Hündin vorgesehen, damit sie gesundheitlich nicht gefährdet wird und die Welpen keinen Mangel leiden.

Die hier geschilderten Bedingungen mögen manchem überzogen erscheinen, sie sind jedoch unerläßlich für eine erfolgreiche und gesunde Nachzucht.

Ausstellung und Sport

Im Laufe eines Jahres bestehen etwa zehn Möglichkeiten, in Deutschland an internationalen Zuchtschauen, und mehr als 30 Möglichkeiten, an nationalen Windhund-Zuchtschauen teilzunehmen.

Wer den Wunsch hat, sich an solch einer Zuchtschau mit seinem Greyhound, Whippet oder Italienischen Windspiel zu beteiligen, sollte einige Grundsätze beherzigen.

„Vor den Erfolg haben die Götter den Schweiß gesetzt!" Das gilt sicher auch für denjenigen, der erfolgreich mit seinem Windhund an einer Zuchtschau teilnehmen möchte. Wenn ein Hund dem amtierenden Richter vorgeführt wird, so hat dieser den „Standard" als Regelwerk, in dem die betreffende Rasse in allen Einzelheiten besprochen und geschildert ist. Nach diesem Standard wird der Hund begutachtet. Nun sieht es von der Seite des Richters nicht einfach so aus, daß er lediglich etwa eine Schablone an den Hund anlegt, um sofort erkennen zu können, welche Benotung der Hund erhält: vorzüglich, sehr gut, gut oder gar genügend.

Wenn auch die Einzelheiten des Gebäudes korrekt sein müssen, so wird der Richter die körperlichen Verhältnisse des Hundes insgesamt bewerten, die Harmonie der Körperteile, aus denen erst die Gesamterscheinung wird, berücksichtigen. Der Richter kann nur das bewerten, was ihm im Ring präsentiert wird. Er wird also nicht als Vorteil auslegen, wenn ein Hund eine besonders hervorragende Ahnentafel besitzt – eben weil er diese gar nicht zu sehen bekommt und auch nicht sehen darf!

Der Richter ist verpflichtet, den Hund so zu beurteilen, wie er ihm im Ring vorgeführt wird. Das nennt man den „Phäno-Typ". Er steht im Gegensatz zum „Geno-Typ", der die abstammungsgemäßen Vorzüge und Nachteile eines Hundes deutlich macht. Der Aussteller hat es also in erheblichem Umfang in der Hand, seinen Hund in solch einer Form vorzustellen, daß er alle äußeren Vorzüge so gut wie möglich zeigt. Wohlgemerkt, der Hund muß seine Vorzüge selbst zeigen, nicht der Besitzer sie dem Richter erklären!

Jeder Richter wird den ausgestellten Hund erst einmal in Ruhestellung betrachten wollen, sodann Muskulatur, Brusttiefe und -umfang, Umfang der Taille, Schwanzlänge und -dicke, Feinheit der Behaarung, Zustand und Vollständigkeit der Zähne und so weiter befühlen und betasten wollen. Er wird bei Whippets und Italienischen Windspielen die Größe messen müssen. Dann wird er das Gangwerk einer genauen Prüfung unterziehen, denn die einwandfreie Bewegung ist ein hervorstechendes Merkmal bei den Windhunden. Diese ganzen Prozeduren muß der Hund in aller Ruhe über sich ergehen lassen.

Auf diese Prüfungsanforderungen muß der Hund vorbereitet werden. Das beginnt schon in früher Jugend, solange der Hund Spiel und Vorbereitung noch nicht unterscheidet und jede Beschäftigung mit ihm als Vergnügen ansieht. Wenn man auf einem Rennplatz einmal einen erwachsenen Hund einige Minuten nach einem Rennlauf gesehen hat, wird man feststellen, daß dieser Hund ganz unbewußt eine lockere Haltung ohne jede Anspannung annimmt. Diese Haltung ist es, die man einem Hund beibringen muß, denn sie ist die Grundvoraussetzung für einen einwandfreien Stand. Die Vorderbeine sollen von vorn gesehen gerade nebeneinander, von seitwärts gesehen senkrecht stehen. Sind die Vorderläufe wie O-Beine geformt, spricht man von Faßbeinigkeit. Sind die Ellenbogen an die Brust gedrückt und der Mittelfuß nach außen gestellt, so spricht man von französischem Stand. Die Hinterläufe müssen ebenfalls parallel gestellt sein, jedoch breiter stehen, um mehr Boden zu decken. Der Mittelfuß muß senkrecht stehen. Steht der Mittelfuß nach außen, wird die Stellung als kuhhessig bezeichnet. Der Ausdruck ist von den Kühen übernommen, da diese immer X-beinig stehen. Stehen die beiden Mittelfüße zwar gerade, jedoch zu schmal nebeneinander, handelt es sich um Enghessigkeit. Sind die Hinterläufe wie O-Beine gebildet, spricht der Richter von Säbelbeinigkeit.

Der Kopf wird erhoben getragen, der Hund soll einen aufmerksamen Eindruck machen. Solange der Hund im Ring steht – mag er gerade selbst bewertet werden oder auf seine Beurteilung noch warten müssen –, muß der Besitzer ausschließlich auf die richtige Haltung des vorgeführten Hundes achten.

Viele Anfänger unterhalten sich, sofern sie noch nicht an der Reihe sind, mit Nachbarn oder außen am Ring zuschauenden Personen und merken dabei nicht, daß der Richter zu Vergleichszwecken immer wieder auch einen Blick auf die nicht gerade zu beurteilenden Hunde richtet und dabei so manche negative Feststellung treffen kann.

Das Training mit dem Hund muß auch darauf gerichtet sein, daß er die richtige Haltung über einen gewissen Zeitraum durchhält. Mancher Besitzer mußte den Ring verlassen, ohne vom Richter eine Bewertung erhalten zu haben, weil sein Hund sich nicht berühren ließ. Dem Besitzer bereitet das allgemein keine Schwierigkeit. Man muß jedoch den Hund daran gewöhnen, sich von frühester Jugend an spielerisch auch von Freunden und Bekannten anfassen zu lassen.

Besondere Beachtung gehört dem Gebiß. Regelmäßige Zahnpflege – wie beim Menschen mit Zahnbürste und Zahnpasta oder eventuell mit Schlämmkreide – sollte eigentlich selbstverständlich sein. Hunde, die aus dem Hals stark riechen, haben meist ein ungepflegtes Gebiß. Wenn man Sorgfalt auf ein gepflegtes Gebiß verwendet, so schlägt man „drei Fliegen mit einer Klappe“. Einmal vermeidet man üblen Geruch aus dem Maul, der Hund hat saubere und damit meist auch gesunde Zähne und drittens ist er gewöhnt, sich am und im Maul anfassen zu lassen.

Da bei Windhunden auf einer Ausstellung sowohl Zahnstand als auch Vollständigkeit des Gebisses geprüft werden, kann ein Hund ohne diese Prüfung den Ring nicht verlassen. Bei den Greyhounds, Whippets und Italienischen Windspielen ist ein Scherengebiß vorgeschrieben. In den ersten drei Lebenswochen ist jeder Welpe zahnlos. Von der dritten bis sechsten Woche bildet sich das aus 28 Zähnen bestehende Milchgebiß aus. Vom vierten Monat an bis etwa zum zehnten (je nach Größe der Rassen) findet der Zahnwechsel statt. Die Milchzähne werden durch ein bleibendes Gebiß ersetzt. Das fertig ausgebildete Dauergebiß des Hundes besteht aus 42 Zähnen, und zwar 12 Schneidezähnen, 4 Fangzähnen, 14 Prämolaren und 12 Molaren. Dabei haben 28 Zähne die zum Ausfall vorbestimmten Milchzähne ersetzt, 14 weitere Zähne sind gänzlich neu hinzugekommen. Die beiden oberen Reißzähne werden von den Kynologen als Molar 1 (M 1) bezeichnet, von den Veterinären jedoch als Prämolar 4 (P 4), da diese bereits im Welpengebiß angelegt sind.

Alle Zähne des Hundes stoßen aufeinander oder bilden einen Schluß mit Ausnahme der Prämolaren, sie bilden einen Bogen, das heißt, zwischen oberen und unteren Prämolaren ist ein Abstand. Das hat seinen Grund. Von der Natur sind diese Zähne dafür vorgesehen, die Beute zu schleppen oder die Welpen zu tragen. Da diese Zähne nur wenig genutzt werden, ist mitunter ihr teilweiser Verlust zu beklagen. Hierauf richtet der Richter sein besonderes Augenmerk. Bewegung ist für jeden Windhund eine unverzichtbare Voraussetzung. Daher fehlt in keinem Standard das Erfordernis eines einwandfreien Gangwerks. Die Bewegungsarten des Windhundes richten sich nach der Schnelligkeit, mit der er sich bewegt. Der langsame Gang etwa in einem Zimmer wird abgelöst durch die Beschleunigung beim Spaziergang im Freien, wobei die Läufe wie folgt gesetzt werden: linker Lauf vorn, rechter Lauf hinten, rechter Lauf vorn, linker Lauf hinten. Werden beide Läufe auf einer Seite gleichzeitig nach vorn gesetzt, spricht man vom Paßgang, was einen wiegenden Gang verursacht (wie beim Kamel). Beim Galopp werden Vorder- und Hinterbeine paarweise nach vorn gesetzt, zum Beispiel zum Sprungansatz. Der Renngalopp ist die Bewegungsart eines Hundes in der Hetze, bei dem wir die Stützperiode und die Schwingperiode beobachten können. Dem Richter im Ring sind Spaziergangtempo und Trab vorzuführen, so daß das berühmte „schwebende Gangwerk" des Windhundes voll zur Geltung kommt.

Junghunde und noch unerfahrene Besitzer haben manchmal Mühe, diese gesitteten Gangarten einzuhalten. Entweder springt der Hund an seinem Besitzer freudig hoch, um seiner Begeisterung Ausdruck zu verleihen, oder er verweigert jede Art von Fortbewegung ob der fremden Umgebung, der vielen mit ihm im Ring befindlichen Konkurrenten und Zuschauer. Auch hier verhilft nur Übung zum Erfolg. Auf jedem Rennplatz gibt es immer Möglichkeiten, einen kleinen Ring abzustecken und Lauftraining zu absolvieren.

Es ist ein Gebot der allgemeinen Gesundheitsvorsorge, den Hund im Ring gepflegt vorzustellen. Das Haar muß gebürstet sein, damit keine Unterwolle vorhanden ist, die Krallen müssen geschnitten sein, damit der Hund sich einwandfrei hinstellen kann und die Pfoten geschlossen sind, die Ohren gesäubert werden, um auch rein äußerlich zu zeigen, daß hier ein kerngesunder, temperamentvoller Hund vorgestellt wird. Erst wenn all diese Voraussetzungen erfüllt sind und ihr Hund eine fehlerfreie Anatomie aufweist, hat der Hund Aussichten, sich auf den vorderen Plätzen zu plazieren.

Man hört oft die Meinung, man käme gegen die alten und erfahrenen Züchter ja doch nicht an. Das ist ein Trugschluß! Jeder erfahrene Züchter hat auch einmal angefangen und dabei feststellen müssen, daß nur ein Hund in bester Kondition und mühseliger Vorbereitung im Ring der Beste werden kann, wenn er zusätzlich in hervorragendem Pflegezustand vorgeführt wird. Nicht der bekannte Züchter, sondern seine bessere Vorbereitung sind der Grund, warum er häufiger als Sieger den Ring verläßt als ein Neuling.

Windhundrennen

Allgemeines

Das Rennen von Windhunden hinter dem künstlichen Hasen ist ein Notbehelf. Es ist Ersatz für die Jagd hinter dem echten Wild. Weiter vorn ist beschrieben, wie sich der Windhund entwickelt hat, wie er seine Beute fängt. Diese Jagd ist durch die Jagdgesetze seit langem verboten, und damit ist der eigentliche Lebenszweck des Wind- oder Hetzhundes vorbei. Erhebliche Änderungen im Gebäude und im Wesen wären die Folge, wenn nicht durch das Rennen ein Ausgleich für den Bewegungsdrang und die Hetzlust geschaffen wäre.

Damit ist gleichzeitig die Frage beantwortet, ob Windhundrennen Tierquälerei ist. Es wird niemandem gelingen, einen Hund zum Rennen zu zwingen. Wenn es noch möglich wäre, einen Rennhund mit Gewalt in den Startkasten zu zwängen, ihn auch zum Laufen zu bewegen, wäre schier ein Versuch am untauglichen Objekt. Aber solche Versuche sind auch gar nicht nötig. Wer erst einmal einen Rennhund hatte, wird wissen, daß die Hetz- und damit Rennleidenschaft absolut an erster Stelle rangiert, also noch vor der Freßlust kommt.

Rennbegeisterte Greyhounds

Ein Windhund weiß aus dem Instinkt heraus, wie er einem jagdbaren Wild folgen muß, welche Wege er gehen muß, um der Beute in der kürzesten Zeit den Fangbiß zu geben. Er bringt damit erhebliche Voraussetzungen für das Rennen mit, nämlich den Willen, einer Beute – und sei es einer künstlichen Attrappe – zu folgen, sie erreichen zu wollen und dies in größtmöglicher Geschwindigkeit. All dies sind die Kriterien eines „Rennens".

Grundsätzlich wäre es völlig egal, ob ein Windhund auf der Rennbahn allein oder im Rudel einer Attrappe folgt, der Urzweck, ihm die notwendige Bewegung und das Abreagieren seines Hetztriebes zu ermöglichen, wäre auch beim Sololauf erfüllt.

Da aber jeder Hund seinen Besitzer hat und dieser die notwendige Motivation bekommen soll, mit seinem Hund auch Rennen oder zumindest Trainingsläufe zu besuchen, gilt das Windhundrennen als Motor auch für den Halter eines Hundes. Er identifiziert sich mit seinem Hund bei Sieg oder Niederlage, er kostet die Spannung während eines Laufes mehr als der Hund selbst aus. So ist es nicht verwunderlich, wenn der Windhund-Rennsport in den vergangenen Jahrzehnten einen unwahrscheinlichen Aufschwung genommen hat. Seit Beginn der Windhundrennen in Deutschland, Anfang der zwanziger Jahre, gab es eine rasante Entwicklung, die mit dem Krieg jäh unterbrochen wurde. Doch seither hat sich die Zahl der Rennhunde kontinuierlich vergrößert, und heute werden Jahr für Jahr in Deutschland mehr als 80 Rennen durchgeführt, bei denen allein etwa 1700 Rennhunde in deutschem Besitz teilnehmen.

Rennvorbereitung

Ein Windhund bringt zwar manche Voraussetzung zum Rennen von Natur aus mit, dennoch sind eine ganze Menge Vorbedingungen zu erfüllen, bevor ein Windhund zum Rennhund wird. Während die Jagd in freier Natur zu ständig wechselnden Umgebungen, immer neuem Hakenschlagen des Hasen auf stets unterschiedlichem Untergrund mit Gräben, Furchen dazugehört, soll der Hund nun auf immer gleichem, gut gepflegtem Rasenboden laufen, stets an gleicher Stelle die gleichen Kurven laufen, immer die nahezu gleiche Streckenlänge absolvieren. Aus all diesen Gründen ist eine Ausbildung erforderlich, die eine erhebliche Zeit in Anspruch nimmt.

Bevor ein Besitzer mit seinem Hund eine solche Rennausbildung beginnt, sollte er ein paar Grundregeln beherzigen.

Ein Windhund ist ein selbständiges Wesen, das – auch dies ist weiter vorn eingehend geschildert – einer gehörigen Portion Individualismus und Eigensinns bedarf, um seine ursprüngliche Art der Jagd ohne Hilfe eines Lehrmeisters allein erfolgreich zu betreiben. Der Windhund ist also in bestimmtem Sinn „vorbelastet". Alles, was man ihm in bezug auf *organisiertes* Rennen beibringen muß, muß er in sich aufnehmen und es auch akzeptieren. So wie bei den Menschen schnelle Begreifer und langsame Denker unterschiedliche

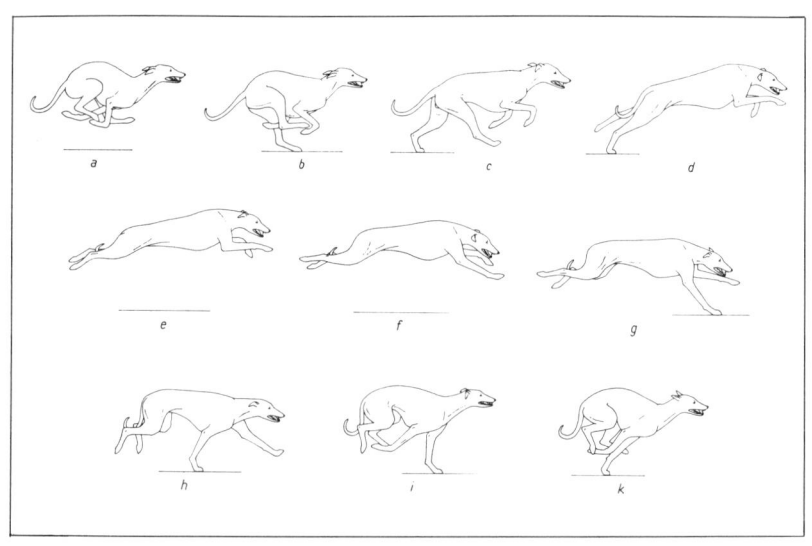

a b c d

e f g

h i k

66

Zehn Bewegungsphasen, a bis k, eines Galoppsprungs im Renngalopp bei Greyhound (Seite 66, oben). Seite 66 (unten) eine Aufnahme, die der Phase a entspricht, oben ein Whippet, die der Phase e nahekommt

Schwierigkeiten haben, einen bestimmten Stoff zu verarbeiten, so unterschiedlich reagieren Windhunde auf das Beibringen bestimmter Verhaltensformen, eben auf das, was wir gemeinhin „Dressur" nennen. Es wird kaum zwei Hunde geben, die in gleicher Weise auf die Vorbereitung eingehen, die in gleicher Geschwindigkeit Neues aufnehmen. Es kann daher nie wie bei Kindern in der Schule ein bestimmter Stoff in immer gleicher Weise angeboten und verarbeitet werden, sondern es obliegt dem Besitzer, festzustellen, wie schnell und wie intensiv sein Hund das Neue aufnimmt und annimmt. Aus diesem Grund kann es auch nie ein einheitliches Ausbildungsschema für Rennhunde geben. Ganz abgesehen von der unterschiedlichen Voraussetzung, die die einzelnen Windhundrassen mitbringen (Greyhound und Whippet sind von Natur Gemeinschaftsjäger, Afghanen, Salukis sind Einzeljäger), führt schon die unterschiedliche Haltung eines Hundes als Einzelhund, in einer Meute oder im Zwinger zu unterschiedlichen Verhaltensweisen.

Die von den Rennvereinen vorgegebenen Regeln für die Ausbildung sind daher stets nur ein großrahmiges Gerippe und sehr allgemein gehalten. Die vom DWZRV herausgegebenen „Grundzüge des Rennhund-Trainings" sind zum Beispiel solche Rahmenbestimmungen.

Beachtet werden sollte in jedem Fall:

Alles, was einem Neuling beigebracht werden muß, ist ein menschliches Angebot an den Hund, das dieser durch die immer wiederholten Übungen

67

irgendwann annimmt. Geduld ist bei jeder Art von Tierausbildung die wichtigste Voraussetzung. Daran ändert auch nichts die Tatsache, daß einzelne Tiere
nahezu die gesamte Lektion an einem Nachmittag aufnehmen und schon am
zweiten Übungstag mit Maulkorb und Decke aus dem Startkasten preschen
und die volle Runde meistern.

Bei solch einer Schnell-Prozedur würden manche Hunde eine so unüber-
windliche Abneigung gegen Maulkorb und Startbox bekommen, daß es Jahre
dauert, bis die Anfangserlebnisse überwunden sind. Daher ist in jedem Fall ein
langsamer und kontinuierlich durchgeführter Trainingsplan vorzuziehen.

Die Rennordnungen aller europäischen Rennverbände kennen einheitliche
Regelungen darüber, wann ein Hund zum ersten Mal an Rennen teilnehmen
kann. Das sind üblicherweise 15 Monate für Whippets und Italienische Windhunde und 18 Monate für alle anderen Windhundrassen. Damit ist aber auch
gesagt, daß als Trainingsbeginn ein Zeitpunkt gewählt wird, der nicht allzuweit
vor diesen Altersgrenzen liegt. Die kleineren Windhundrassen Whippet und
Italienisches Windspiel sind allgemein etwas früher voll entwickelt und können
daher auch etwas früher mit dem Renntraining beginnen. Dennoch sollte in der
Regel das Lauftraining auf der Bahn nicht vor Vollendung des zwölften
Lebensmonats beginnen. Vor diesem Zeitpunkt sind die wenigsten Hunde so
weit entwickelt, daß Muskeln, Sehnen und Organe den erheblichen Anstrengungen eines 480-Meter-Laufes gewachsen sind. Dagegen können alle theoreti-
schen Vorbereitungen, wie etwa Aufsetzen des Maulkorbes, Tragen der Renn-
decke oder williges Wiedereinfangenlassen hinter dem Ziel, selbstverständlich
weit früher begonnen werden, zumal solche Versuche dem Spiel- und Lern-
trieb des jungen Hundes entgegenkommen.

Die Rennlizenz

Einheitliche Regeln in allen Ländern, die der FCI – dem Weltverband der
Hundevereine – angehören, besagen, daß ein Hund, bevor er an Rennen
teilnehmen darf, eine von seinem zuständigen Verein bestätigte Rennlizenz
haben muß.

Das Erreichen der Lizenz ist zwar in den einzelnen Mitgliedsländern unterschiedlich geregelt, doch kann allgemein davon ausgegangen werden, daß
gewisse Testläufe zu absolvieren sind.

Im Bereich des DWZRV wird die Abnahme der Testläufe von den Rennvereinen übernommen. Die Bedingungen sind in etwa: Der zu prüfende Hund
muß an drei verschiedenen Trainingstagen je zwei Läufe mit mindestens zwei
anderen Hunden absolvieren. Dabei ist zu prüfen, ob der Hund einwandfrei in
den Startkasten geht, ihn einwandfrei verläßt, den vollen Parcours läuft, ohne
dabei einen der Mitläufer anzugreifen beziehungsweise den Versuch dazu
unternimmt. Es sollte gewährleistet sein, daß während der Testläufe geprüft
werden konnte, ob der Testhund einwandfrei überholt und sich einwandfrei

überholen läßt. Die betreffenden Voraussetzungen sind von lizenzierten Bahn-beobachtern während der Läufe zu prüfen und zu bestätigen. Die erfolgreiche Teilnahme an Lizenzläufen ist auf der Trainingskarte, die bei den Rennverei-nen erhältlich ist, vom durchzuführenden Rennverein zu bestätigen.

Sind alle sechs Testläufe ohne Beanstandung durchgeführt, kann durch Einreichung der Trainingskarte beim Vorsitzenden der Rennkommission die Lizenzkarte beantragt werden. Erst im Besitz der Lizenz und Erreichung der genannten Altersgrenzen ist der Hund zu Rennen zugelassen. Rennlizenzen werden ausschließlich an Mitglieder der einzelnen Landesverbände ausge-geben.

Teilnahme an Windhundrennen

Grundsätzlich muß unterschieden werden zwischen Windhundrennen, die national vom DWZRV beziehungsweise international von der FCI genehmigt sind, und solchen, die von professionellen Veranstaltern durchgeführt werden und bei denen Hauptanziehungspunkt die Wettmöglichkeit ist. Den mit Lizen-zen der einzelnen Landesverbände ausgestatteten Rennhunden ist die Teil-nahme an professionellen Rennen nicht erlaubt. Überwiegend ist die Teil-nahme an den „Amateurrennen" ohne besondere Bedingung gestattet. Man unterscheidet: nationale und offene Rennen, internationale Rennen, Titelren-

Ein gelungener Schnappschuß – ein Feld Whippets

69

Siegerehrung der Greyhound-Rüden, Europameisterschaft 1982 in Beringen/Belgien

nen und sonstige Rennveranstaltungen. Bei nationalen und sonstigen Rennveranstaltungen werden allgemein keine besonderen Anforderungen an Hund
oder Besitzer gestellt. Allerdings hat die stürmische Entwicklung im Renn-
wesen dazu geführt, daß in vielen Ländern bereits Klasseneinteilungen vorgenommen werden, das heißt, daß Hunde höherer Qualifikation nach Erreichung
bestimmter Punkt- oder Leistungserfordernissen in eine höhere Klasse aufstei-
gen, in Deutschland die A-Klasse. Zur Teilnahme an Titelrennen ist überwiegend das Erreichen der A-Klasse Voraussetzung.

Titelrennen sind: Landessieger-Rennen, Verbandssieger-Rennen, Bundes-
sieger-Rennen, Deutsches Derby. Die jeweiligen Teilnahmebedingungen sind
unterschiedlich und in der schon mehrfach angesprochenen Rennordnung
enthalten. Höchstes Titelrennen im Bereich der FCI ist das Europa-Rennen.
Es ist praktisch die Europameisterschaft des Amateur-Windhundrennsports.
Es wird jährlich ausgetragen, jeweils in einem anderen europäischen Teilneh-
merland. Zur Teilnahme ist erforderlich, daß der Landesverband aus der Zahl
der gemeldeten Hunde die jeweils besten vier Rüden und Hündinnen pro
Rasse für die Europameisterschaft benennt.

Die Teilnehmerzahlen an Rennen schwanken nach Bedeutung von etwa 60
Teilnehmern bis zu mehr als 250 Rennteilnehmern bei den großen Titelrennen.
Dabei haben sonstige Rennen und offene Rennen die geringeren Meldezahlen,
die Titelrennen sind überwiegend mit mehr als 150 Windhunden „große
Rennen".

Amateur-Rennen

Im vorherigen Absatz wurde bereits erläutert, daß als Amateur-Rennen diejenigen anzusehen sind, die von den jeweiligen Landesverbänden der FCI ausgetragen werden. Amateur-Rennen sind sie deshalb, weil die Teilnahme an diesen Rennen ohne finanzielle Vorteile ist. Es gibt weder Geldpreise zu gewinnen noch erhebliche Sachpreise. Außerdem ist auf diesen Rennen die Durchführung von Totalisator-Wetten verboten.

Wer zu einem dieser Rennen melden will, richtet sich nach der vom ausrichtenden Verein veröffentlichten „Ausschreibung". In ihr sind alle Modalitäten des Rennens verzeichnet, also etwa Rennstreckenlänge, ausgeschriebene Ehrenpreise, Beginn der Veranstaltung, Art der Durchführung. Zur Art der Durchführung ist zu sagen, daß generell nach dem „olympischen System" gelaufen wird. Wie bei der Olympiade muß der gemeldete Hund sich mit seinen Rassengenossen über Vorläufe, Hoffnungsläufe, Halbfinals in den Endlauf vorkämpfen, wobei alle Läufe am gleichen Tag ausgetragen werden müssen. Da die Startkästen sechs Boxen, entsprechend der Höchstteilnehmerzahl an einem Lauf, haben, werden so den Hunden häufig vier Läufe am Tag zugemutet. Unter Berücksichtigung der Tatsache, daß ein Windhund, wenn er Beute jagt, meist nicht mehr als zwei Anläufe benötigt, um das Wild zu packen, entspricht diese Häufung von Läufen nicht in jedem Fall dem natürlichen Ablauf. Insbesondere in der Schweiz werden daher häufig zwei Vorläufe nach Zeit ausgetragen, und die sechs zeitschnellsten Hunde erreichen das Finale.

Es ist einzusehen, daß zur Bewältigung einer solchen Zahl von Läufen eine ganz besonders gute Kondition gehört. Die Vorbereitung eines Rennhundes auf größere Rennen bedarf daher zusätzlicher Anstrengungen.

Das Training eines Sprinters ist wesentlich geprägt von Schnellkraftübungen und Förderung der Schnelligkeit. Dagegen wird ein Mittel- oder Langstreckler mehr Wert auf das Durchhaltevermögen legen.

Erwartet man nun vom Rennhund sowohl eine Höchstleistung an Geschwindigkeit als auch an Ausdauer, so widerspricht das – soweit es die Ausdauer angeht – den natürlichen Voraussetzungen unserer Kurzhaar-Windhundrassen. Hier ein vernünftiges Mittelmaß zu schaffen und die Zahl der Läufe auf ein geringeres Maß zu reduzieren ist eine der Hauptaufgaben der einzelnen Verbände. Dazu gehört auch die seit Anfang der achtziger Jahre neu eingeführte Rennstrecke von 280 m. Sie ist als Alternative für die fast ausschließlich gelaufene 480-m-Strecke anzusehen. Insbesondere zu Beginn einer Saison, wenn Kondition und Vorbereitung noch nicht ausreichend sind (bei älteren Hunden, die nicht mehr die Kraft für die lange Strecke haben, und bei typischen Sprinthunden, die die kurze Strecke bevorzugen), hat sie sich bereits so bewährt, daß ab 1984 eine „Deutsche Kurzstreckenmeisterschaft" durchgeführt wird.

Profi-Rennen

Während bei den „Amateur-Rennen" ganz vordergründig das Bedürfnis Pate gestanden hat, dem Hund seine arteigentümliche Bewegung zu verschaffen, haben insbesondere England, Amerika und Australien das Rennvermögen zu einem gigantischen Geschäft geführt. Der in jeder Beziehung wettfreudige Brite hat im Windhundrennen oder, besser, Greyhoundrennen – denn nur Greyhounds laufen bei Profi-Rennen – die ideale Form des Wettgeschäfts gefunden. Während im Pferdesport entweder ein Mensch auf dem Pferd sitzt oder in einem kleinen Fahrzeug, dem Sulky, fährt und damit auf Geschwindigkeit, maximale Plazierung innerhalb eines Laufes und so weiter Einfluß nehmen kann, läuft der Greyhound mit dem Öffnen der Startklappe völlig allein und ohne jeden äußeren Einfluß. In alten kontinentalen Rennordnungen fand sich die Bestimmung, daß rennende Hunde weder vom Besitzer noch von einem sonstig Beteiligten durch Zurufe oder Schreie angefeuert werden dürfen.

Wer einmal eines der großen Rennen in London miterlebt hat und sich ob des ohrenbetäubenden Lärms von zigtausend Zuschauern die Ohren zuhielt, während die sechs laufenden Greyhounds unten ihre Bahn zogen, als gäbe es überhaupt keine Zuschauer, weiß, daß tatsächlich durch eine solche Einwirkung kein Greyhound sich in seinem Lauf stören läßt. Damit ist also auch keine unmittelbare menschliche Einwirkung – wenn man das Doping einmal außer acht läßt – vorhanden, und das Rennen von Greyhounds ist absolut reell. So kann es nicht verwundern, daß in England die Umsätze an den Totoschaltern der Windhund-Rennplätze sehr hoch sind.

Natürlich bedingt die Wettmöglichkeit eine völlig andere Gestaltung der Renndurchführung. Es ist einzusehen, daß bei Anwendung des „olympischen Systems" bereits nach den Vorläufen die schnellsten Rennhunde bekannt sind und das Wettgeschäft eindeutig beeinflussen würden. Profi-Rennen finden daher nach einem ausgeklügelten System statt, bei dem Laie und Fachmann in gleicher Weise immer wieder den Kopf schütteln, warum der Sieger nicht von vornherein feststeht. Die Rennen sind üblicherweise mit acht bis zwölf Läufen begrenzt. An jedem Lauf nehmen sechs Hunde (in Amerika meist acht Hunde) teil. Sämtliche an einem Lauf teilnehmenden Hunde sind im Programm namentlich genannt, alle Erfolge in den letzten Rennen, ihre Zeiten, Fehler, Abstände zu anderen Hunden und desgleichen sind aus dem Programm ablesbar. Bei solcher Unterrichtung sollte es dem Wetter eigentlich möglich sein, den Sieger herauszufinden. Weit gefehlt! Die Klasse der startenden Hunde ist derart einheitlich, die Zusammenstellung der Felder derart perfekt, daß immer wieder große Überraschungen vorkommen, die das Geschäft mit hohen Quoten beleben. Der Besitzer eines Renngreyhounds in England hat von seinem Hund nicht mehr als von einem Brillanten, den er sich in den Safe legt. Sein Hund ist nie bei ihm, sondern im Trainingscamp, wo er von Helfern gepflegt und gewartet, trainiert und gefüttert wird. Lediglich am Sonntag gibt es die Möglichkeit, mit dem eigenen Hund auf dem Campgelände einen Spaziergang zu machen; oder beim Sieg in einem größeren Rennen darf sich der Besitzer stolz mit seinem Hund fotografieren lassen.

Unter solchen Umständen kann natürlich keine Rede davon sein, daß zwischen Hund und Besitzer ein enges Verhältnis besteht, daß der Hund etwa gar Familienmitglied wäre. Hier ist er Mitverdiener! Londoner Verhältnisse unterstellt, kostet die Wartung und das Training eines Greyhounds etwa 25–30 £ die Woche, dazu kommt die Meldegebühr zum Rennen mit 3–5 £. Ca. 30 £ Kosten fallen also unbedingt an. Dagegen sind auf einem normalen Rennen für die dritten bis sechsten im Einlauf je gerade 20 £ zu gewinnen. Das ist naturgemäß kein Geschäft, und daher wartet jeder Besitzer auf die große Chance, einmal Derby-Sieger zu werden, eine Chance, die äußerst gering ist.

Etwa 25 000 Greyhounds werden auf der Insel jährlich gezüchtet, einer von ihnen kann Derby-Sieger werden und dabei nicht nur viel Geld gewinnen, sondern anschließend an Decktaxen noch einmal die gleiche Summe einbringen. Dabei ist unterstellt, daß ein Rüde Derby-Sieger wird. Die Wahrscheinlichkeit ist relativ groß, denn schon im Welpenalter erzielt man für einen Rüden nahezu den doppelten Preis wie für eine Hündin. Grund dafür ist allein die Abhängigkeit der Hündin von ihrer Season (Hitze), wegen der sie für Monate ausfällt und keinen Verdienst einbringt.

Man hört immer wieder die Meinung, die Renngreyhounds wären zu bedauern. Das ist nur sehr bedingt richtig. Die Aufzucht eines Welpen ist in jedem Fall maximal, denn ohne diese gute Aufzucht kann es keinen guten Rennhund geben. Im gesamten Rennleben hat es ein Profigreyhound sicher besser als ein Hund in der Hand eines Laien. Er wird maximal auf die Rennen vorbereitet, die tierärztliche Versorgung ist hervorragend, die Pfleger kümmern sich während des gesamten Tages um ihre Schützlinge und gelten damit für den Hund ohnehin als Bezugsperson, er kann jede Woche sein Rennen laufen. Ein solcher Hund steht mit Sicherheit nichts aus.

Die Qualität der Rennhunde ist – wie sollte es anders sein – stark unterschiedlich. Daher gibt es in den Profiländern bestimmte Qualifikationen, die an die Leistung des Hundes anknüpfen. Schon bei den „trails", den Probeläufen, wird das Zeitlimit sehr genau eingehalten, und ein Hund hat schon seinen ersten Sieg errungen, wenn er auf Anhieb die A-Qualifikation erwirbt, das heißt, in die Kategorie der besten Hunde, die auf A-Bahnen laufen dürfen, aufgenommen wird. B- und C-Qualifikationen sind jeweils von minderer Qualität und berechtigen nur zum Start in den Stadien der gleichen Qualifikation. Das sind meist Rennplätze auf dem Lande oder am Rande der Großstädte, wo natürlich die Preise und Gewinnmöglichkeiten geringer sind als in der A-Klasse. Auf- und Abstieg sind immer möglich.

Man mag zu der Durchführung der Profi-Rennen stehen wie man will – es gibt trotz allem so manche Regelung, die auch bei uns einzuführen sich lohnen würde. So gibt es beispielsweise bei den Profis den „wide runner", einen Hund,

Wo kommt denn das „U-Boot" her?

der aus der Startbox nicht sofort die Innenkante der Bahn nimmt, sondern bis Mitte der ersten Kurve außen läuft. Ein solcher Hund wird in England ohne weiteres in die äußeren Startboxen gesetzt, da er nur dort einen sauberen Start hat, ohne die anderen Hunde zu behindern. Bei den Amateuren wird dagegen sehr genau darüber gewacht, daß vor dem Start entsprechend den gelosten Startboxen eingesetzt wird, ohne Rücksicht darauf, ob dabei der extreme Innenläufer die Box 6 und der „wide runner" die Box 1 bekommt, die beiden sich also vorprogrammiert einige Meter nach dem Start treffen und gegenseitig behindern. Dort reine Zweckmäßigkeit, hier ein nicht abzuschaffender Egoismus, einem anderen Hund ja keinen Vorteil einzuräumen.

Ein weiteres Beispiel ist das Hürdentraining. Es gibt immer wieder Hunde, die insbesondere direkt nach dem Start ihr Augenmerk für Sekundenbruchteile dem Nachbarhund und nicht der Hetzattrappe zuwenden. Wenn das bei den Amateur-Rennen mehrfach passiert, muß der Hund aus dem Renngeschehen ausscheiden, weil er nicht als sauberer Läufer gilt. Der Profi muß sich mit solch einem Hund mehr Mühe machen. Er hat für diesen Fall ein probates Mittel. Ein solchermaßen nicht ganz einwandfrei laufender Hund wird zu den Hürdenläufern versetzt. Dabei wird schon beim Training die erste Hürde so kurz nach dem Start aufgestellt, daß sich der Hund sofort so intensiv auf den ersten Sprung konzentrieren muß, daß er gar keine Zeit hat, sich um seine Nachbarhunde zu kümmern. So werden zahlreiche Hunde, die ihre Rennlaufbahn schon vor deren Beginn beenden müßten, doch noch zu einwandfreien Rennern erzogen. Im Prinzip sind Amateur- und Profi-Rennen meilenweit voneinander getrennt. Gemeinsamkeit ist der Hund, der dort wie hier läuft. Doch immer wieder gibt es gegenseitige Denkanstöße, die sowohl von der einen als auch von der anderen Seite kommen. Daher bestehen zahlreiche Kontakte, die beiden Seiten Vorteil und Nutzen bringen.

Siegertitel und ihre Bedeutung

Im Hundewesen gibt es eine Flut von Titeln, die ein Hund im Laufe seines Lebens gewinnen kann. Außenstehende sind schnell mit der Meinung bei der Hand, bei allen Titelvergaben ginge es nur um die Eitelkeit des Besitzers. Daran mag ein Quentchen Wahrheit sein, doch wesentlich ist ein ganz anderer Gesichtspunkt:

Die Zucht von Hunden ist der ständige Versuch des Züchters, aus dem vorhandenen Stamm von Hunden gleicher Rasse weitere in der Qualität

Dem Sieger eine Decke oder einen Pokal

steigende Hunde zu züchten. Dazu ist es aber erforderlich, daß der Stand der Zucht im allgemeinen und die Qualität der im einzelnen zur Verfügung stehenden Hunde möglichst genau bekannt ist. Das geschieht durch Abhalten von Ausstellungen und Rennen, die in diesem Sinne also eindeutig auch Zuchtprüfungen sind und deren Titel ihre berechtigte Bedeutung haben. Wenn sich dann in bestimmten Zuchten oder Zuchtlinien die Titel häufen, kann man sicher davon ausgehen, daß dort für die Zucht ausgezeichnetes Material zur Verfügung steht.

Titel im Ausstellungswesen

Leistungsurkunde. Sie wird vom Vorsitzenden der Rennkommission ausgegeben, wenn der betreffende Hund bei Rennen in einem Zeitraum von mehr als zwölf Monaten in mindestens zehn Rennen die A-Klasse erreicht hat oder – wenn eine Klasseneinteilung nicht besteht – mindestens fünf Rennen in der oberen Hälfte abgeschlossen hat. Die Leistungsurkunde berechtigt zur Meldung bei einer Ausstellung in der Leistungsklasse (Gebrauchshundklasse).

Landessieger. Jede der zwölf Landesgruppen im DWZRV kann einmal im Kalenderjahr auf einer CAC-Schau (Anwartschaft auf das Deutsche Schönheits-Championat) oder CACIB-Schau (Le Certificat d'Aptitude au Championnat International de Beauté) den Titel „Landessieger" vergeben. Der Titel wird vergeben an mindestens 15 Monate alte Hunde in der offenen, Leistungs- oder Siegerklasse je an Rüden und Hündinnen.

Verbandssieger. Vergabe einmal jährlich auf der „Verbandssieger-Ausstellung" in Köln. Zugelassen für Windhunde aus deutscher Zucht in deutschem Besitz. Verbandssieger wird der Hund, der im Stechen zwischen den V1-Hunden der offenen, Leistungs- oder Siegerklasse gewinnt. Der Titel kann mehrfach erworben werden. Er gilt für Rüden und Hündinnen.

Bundessieger. Vergabe einmal jährlich auf der vom VDH ausgerichteten „Bundessieger-Zuchtschau". Der Titel wird an den Rüden und die Hündin vergeben, die das Stechen zwischen den Klassenbesten gewinnen. Zugelassen sind alle Hunde, die mehr als 15 Monate alt und in einem von der FCI anerkannten Zuchtbuch eingetragen sind.

Deutscher Champion (VDH). Der Titel wird vom VDH vergeben. Erforderlich sind vier Anwartschaften, die den Klassenbesten V1-Hunden auf CACIB-Ausstellungen erteilt werden. Zwischen der ersten und vierten Anwartschaft muß ein Zeitraum von mindestens zwölf Monaten liegen.

Deutscher Schönheits-Champion. Der Titel wird durch den DWZRV vergeben. Es sind vier Anwartschaften (CAC) notwendig, die von mindestens drei verschiedenen Richtern in einem Zeitraum von mehr als zwölf Monaten in Deutschland zuerkannt wurden. Vergabe auf CAC-Spezialschauen des DWZRV und bei CACIB-Ausstellungen, an denen der DWZRV mit einer Sonderschau beteiligt ist.

Internationaler Schönheits-Champion. Vergabe durch die FCI über den VDH entsprechend den Bestimmungen zum Deutschen Championat, allerdings nur auf CACIB-Schauen. Vier Anwartschaften in drei verschiedenen Ländern unter drei verschiedenen Richtern sind nötig. Der Hund muß mindestens 15 Monate alt sein. Ein CACIB muß im Heimatland erworben werden.
Europasieger. Einmal jährlich vom VDH vergeben. Bedingungen wie Bundessieger.

Rennsieger-Titel

Landes-Rennsieger. Am ersten oder zweiten Wochenende im Oktober führen die Landesgruppen des DWZRV die Landessieger-Rennen durch. Es wird nur für die in der betreffenden Landesgruppe ansässigen Mitglieder veranstaltet.
Verbands-Rennsieger. Einmal jährlich wird in Köln anläßlich der Verbandssieger-Veranstaltung der Titel „Verbands-Rennsieger" ausgelaufen. Zugelassen sind Windhunde, deren Besitzer in Deutschland wohnen und deren Hund im DWZB eingetragen sind. Sonderbestimmungen, wie A-Klasse, einwandfreie Rennen vor Meldeschluß, sind zu beachten.
Bundes-Rennsieger. Einmal jährlich auf einer von der Rennkommission festgesetzten Rennbahn für Hunde von in Deutschland wohnenden Mitgliedern des DWZRV. Import-Hunde müssen sechs Monate im Besitz sein. Sonderbedingungen: A-Klasse, einwandfreie Rennen vor Meldeschluß.
Deutsches Derby. Jährlich einmal in Hamburg-Farmsen. Teilnahme für die drei Jahrgänge, die dem Austragungsjahr vorausgehen. Die Hunde müssen aus deutscher Zucht und in deutschem Besitz sein. Der Titel kann nur einmal erworben werden. Alle Klassen sind startberechtigt.
Europa-Rennsieger. Jährlich einmal von einem der Mitgliedsländer der FCI durchgeführt.
Deutscher Rennchampion. Erforderlich sind zwei Titelgewinne an Rennen, ersatzweise für einen Titel zwei zweite Plätze in Titel-Endläufen (ohne Landes-Rennsieger) sowie die Leistungsurkunde. Der Titel ist erwerbbar für Hunde von in Deutschland wohnenden Mitgliedern des DWZRV.

78   *Edelmann mit weißen Windspielen*

Windhund-Organisationen und nützliche Anschriften

Die Windhundrassen sind im Bereich der Bundesrepublik im Deutschen Windhundzucht- und Rennverband e. V. organisatorisch zusammengefaßt. Schon im Namen sind die Hauptaufgabengebiete „Zucht und Rennen" genannt. Die extrem arbeitsaufwendige Abteilung Rennsport ist gesondert gegliedert in die Aufsicht und Rahmenabsteckung (Reglementierung) und die Renndurchführung, die einzelnen eingetragenen Rennvereinen obliegt. Es gibt zur Zeit 40 Rennvereine in Deutschland.

Organisationen allgemeiner Art

Deutscher Windhundzucht- und Rennverband e. V. (DWZRV)
Krayerstr. 296, 4300 Essen, Tel. (02 01) 5 59 57

Zwei Greyhoundbrüder beim Bad in der Nordsee

Verband für das Deutsche Hundewesen e. V. (VDH)
Westfalendamm 174, 4600 Dortmund 1
(deutscher Sammelverband für alle Rassehundvereine)
Fédération Cynologique Internationale (FCI)
(als Welt-Dachverband aller nationalen Rassehundverbände)

Rennorganisationen

Deutscher Windhundzucht- und Rennverband e. V.
Vorsitzender der Rennkommission
Schulgang 2, 3006 Burgwedel

Rennvereine innerhalb des DWZRV

Anschriften sind beim Vorsitzenden der Rennkommission zu erfahren.

Norddeutscher Windhundrennverein e. V., Hamburg
Hoisdorfer Windhundrennclub e. V., Siek-Hoisdorf
Windhundrennverein Weser-Ems e. V., Wildeshausen
Windhundrennverein Hannover e. V., Hannover-Altwarmbüchen
Windhundrennverein Westfalen-Ruhr e. V., Gelsenkirchen
Windhundrennverein Duisburg, Haan-Hochdahl
Düsseldorfer Windhundrennverein e. V., Niederkrüchten
Solinger Windhundrennverein e. V., Solingen
Kölner Windhundrennverein e. V., Köln (Beller Maar)
Club der Windhundfreunde Darmstadt e. V., Darmstadt-Griesheim
Club für Windhundrennen Frankfurt e. V., Offenbach-Bürgel
Windhundrennverein Kurpfalz e. V., Oberhausen
Windhundrennverein Pforzheim e. V., Pforzheim
Windhundrennverein Niefern e. V., Niefern
Berliner Windhundrennverein e. V., Berlin
Windhundrennverein Berliner Bär e. V., Berlin
Windhundrennverein Breisgau-Schwarzwald e. V., Freiburg
Windhundrennclub Bodenseekreis e. V., Bermatingen
Windhundrennverein Nürnberg e. V., Nürnberg
Windhundrennverein Ingolstadt e. V., Ingolstadt-Zuchering
Windhundrennverein Bayern e. V., Mammendorf
Windhund-Rennsport-Verein Solitude e. V., Sachsenheim
Windhundrennverein Ost-Westfalen e. V., Gütersloh
Osnabrücker Windhundrennverein e. V., Ostercappeln
Windhund-Sportclub Baden-Baden e. V., Baden-Baden
„Hassia" Club für Windhundrennen e. V., Volkmarsen
Windhund-Renn-Club Bremer Schlüssel e. V., Bremen

Mittelrheinischer Windhundrennverein e. V., Neuwied
Windhundrennverein Saar-Pfalz e. V., Landstuhl
Windhundrennverein Münster e. V., Münster
Windhundrennverein Dreiländereck e. V., Stolberg
Windhundrennverein Kappel-Grafenhausen e. V., Kappel-Grafenhausen
Windhundrenngemeinschaft Oberpfalz e. V., Schwarzenfeld
Windhundrennverein Untertaunus-Hünstetten e. V., Hünstetten
Windhundrennverein Staufen e. V., Lorch
Windhundzucht- und Rennverein Berlin e. V., Berlin-Karlshorst
Windhund-Rennverein Bitterfeld, Großzöberitz
Windhundsparte Erfurt, Tüttleben
Windhundzucht- und Renngemeinschaft Westsachsen/Vogtland, Wiesenburg
Windhundzucht- und Rennclub Stendal e. V., Stendal

Ernährung

Die wildlebenden Ahnen unseres Hundes waren Jäger. Sie verzehrten ihre Beute mit Haut und Haar. Bevorzugte Leckerbissen waren die Innereien. Magen und Darm ihrer Beutetiere enthielten auch vorverdaute Pflanzen und wichtige Vitamine. Wölfe und Wildhunde fraßen also nicht nur Fleisch. Genauer wäre die Bezeichnung „Beutefresser". Aus Untersuchungen des Mageninhaltes wissen wir, daß darüber hinaus praktisch alles auf dem Speisezettel stand, was die Natur bot: Früchte, Samen und Gräser, Frösche und Schlangen, selbst Insekten wurden verzehrt. Nur so konnten der Hunger gestillt und genügend Vitamine und Mineralstoffe aufgenommen werden.

Angemessene artgemäße Nahrung hat der Hundehalter seinem Hund nach dem Tierschutzgesetz anzubieten. Unkenntnis und falsch verstandene Tierliebe können leicht zu Tierquälerei führen: Der Hund ist kein Resteverwerter. Mit Süßigkeiten ist ihm nicht gedient. Falsche Ernährung kann Fettsucht, innere Erkrankungen oder Hautkrankheiten verursachen. „Angemessen" ist nur eine gesunderhaltende Nahrung. Die Freßgewohnheiten der Wildtiere zeigen, wie das Futter zusammengesetzt sein muß:

Fleisch ist die Ernährungsgrundlage. Es enthält neben Salzen, Geschmacksstoffen und Vitaminen vor allem tierisches Eiweiß. Reines Muskelfleisch oder Herz können ebenso wie ausschließlich minderwertige sehnige, häutige oder knorpelige Teile zu Verdauungsstörungen führen. „Artgemäß" ist eine aus leichter und schwerer verdaulichen Bestandteilen gemischte Fleischgrundlage. Dazu gehört auch tierisches Fett. Es dient als Energiequelle. Ungesättigte Fettsäuren sind zur Gesunderhaltung nötig. Sie sind vor allem in Pflanzenölen enthalten.

Pflanzen enthalten neben Eiweiß, Vitaminen und Mineralstoffen vor allem Stärke und Zucker. Diese Kohlehydrate liefern ebenfalls Energie. Sie muß aber bei den meisten Nährmitteln durch Erhitzung „aufgeschlossen", das heißt verdaulich gemacht werden. Für Sättigung, Darmfüllung und geregelte Verdauung sorgen unverdauliche Rohfasern, die vor allem in Rohkost, aber auch in Hundeflocken, weniger jedoch in gekochtem Reis enthalten sind. Ungesättigte Fettsäuren aus Pflanzenölen sind vor allem für gesunde Haut und glänzendes Fell wichtig.

Für den gesunden Hund ist eine Ergänzung der Fleischgrundlage durch aufgeschlossene rohfaserhaltige Pflanzenkost das richtige.

Eine vielseitig zusammengesetzte Nahrung enthält auch Vitamine. Das sind Wirkstoffe, die für Stoffwechselprozesse wie Blutgerinnung, Nervenfunktion oder Infektabwehr benötigt werden, die der Körper jedoch selbst nicht produzieren kann. Mineralstoffe und Spurenelemente sind nicht nur für den Knochenbau, sondern auch für viele andere Stoffwechselprozesse unerläßlich.

Eine Wissenschaft für sich?

Erhaltungs- und Leistungsbedarf, Nährwerttabellen, Kalorien und Joule – das ist schon eine Wissenschaft für sich – beflügelt durch die Futtermittelindustrie. Bei allem Respekt wundert sich der Praktiker, daß trotz Unkenntnis und Fehlern früherer Zeiten die Spezies Haushund nicht längst ausgestorben ist. Zum besseren Verständnis genügen folgende Überlegungen:

Der Körper des erwachsenen Hundes befindet sich in einem dauernden Umbau. Zur Erhaltung der Körpersubstanz sind daher Eiweißbausteine erforderlich, für die damit verbundenen Stoffwechselvorgänge Energielieferanten, Vitamine und Mineralstoffe. Das Futter soll in der Trockenmasse mindestens ein Drittel Eiweiß, mindestens fünf Prozent Fett und höchstens die Hälfte Kohlehydrate enthalten.

Welpen und Junghunde brauchen für ihr Wachstum mehr Nahrung als gleich schwere erwachsene Hunde, bis zum sechsten Monat etwa doppelt soviel und dann immerhin noch fünfzig Prozent mehr. Ihr Futter soll zu zwei Dritteln, später mindestens zur Hälfte aus Fleisch und anderen Eiweißstoffen bestehen.

Diese Richtwerte gelten nur bei normaler Belastung. Besondere Leistungen erfordern eine Zulage. Als Fleischfresser kann der Hund zwar auch aus Eiweiß Energie gewinnen, die Ausbeute ist jedoch gering (und teuer). Zugelegt werden daher kohlehydrathaltige Futtermittel. Erhaltungs- und Leistungsbedarf sind praktisch nicht zu trennen. Bei Dauerarbeit kann bis zu viermal mehr Energie als bei Ruhe verbraucht werden.

Die wichtigsten Grundregeln

Die Futterration kann nicht mit der Briefwaage abgemessen werden. Neben Alter und Leistung ist die individuelle Veranlagung des Hundes ausschlaggebend. Es gibt gute und schlechte Futterverwerter. Ein normal veranlagter erwachsener Greyhound braucht täglich je nach Geschlecht, Größe und Leistung 500 bis 2000 Gramm Fleisch mit Flocken. Den gleichen Nährwert hat Dosen-Vollnahrung oder etwa ein Viertel der Gewichtsmenge in Form von reinem Trockenfutter.

Junghunde können die tägliche Futtermenge unmöglich auf einmal aufnehmen. Eine Magenüberladung wäre die Folge. Knochen, Bänder und Gelenke würden zu stark belastet und bleibende Schäden davontragen. Immerhin braucht ein halberwachsener Greyhound bereits genausoviel Futter wie sein ausgewachsener Artgenosse. Die Ernährung der Welpen erfolgt zunächst genauso, wie der Züchter es gehandhabt und dem Käufer empfohlen hat.

Umstellungsbedingte Verdauungsstörungen werden so vermieden. Dem Welpen wird die Eingewöhnung erleichtert.

Bis zum Abschluß des Zahnwechsels mit etwa sechs Monaten erhält der Junghund täglich drei, später bis zum Abschluß des Wachstums mit etwa eineinhalb Jahren zwei Mahlzeiten täglich. Mangelernährung in der Jugend ist kaum wiedergutzumachen.

Fresser werden nicht geboren, sondern erzogen: Der erwachsene Hund erhält täglich ein bis zwei Mahlzeiten, je nach Veranlagung. Was in einer Viertelstunde nicht aufgefressen ist, gehört in den Mülleimer. Wichtig sind regelmäßige feste Futterzeit, weniger wichtig, ob diese morgens, mittags oder abends sind. Stets soll jedoch der Hund nach dem Fressen ruhen, so wie es auch Wildtiere nach ergiebigem Mahl zu tun pflegen. Bei „Sport und Spiel" besteht die Gefahr, daß sich ein gefüllter Magen verdreht – eine lebensgefährliche Situation.

Das Futter soll vielseitig sein, damit es alle benötigten Nährstoffe enthält. Der Hund braucht aber keine Geschmacksabwechslung. Er kann durchaus dauernd das gleiche Futter erhalten, wenn dies optimal zusammengesetzt ist.

Fertigfutter – sicher, bequem und preiswert

Die Vorurteile gegen Fertigfutter sind überholt. Es entspricht in Eiweißanteil und sonstigen Inhaltsstoffen den wissenschaftlichen Erkenntnissen. Durch moderne Konservierungsverfahren werden Vitamine weniger geschädigt als durch haushaltsübliches Kochen. Krankheitserreger im Fleisch werden bei der Herstellung abgetötet. Ein weiterer Vorteil ist die praktische Vorratshaltung. Auf Reisen ist Fertigfutter die einfachste Futterlösung. Es ist nicht teurer als selbstzubereitetes Futter. Gegen Fertigfutter gibt es eigentlich nur einen Einwand: Artgemäßerweise frißt der Hund Rohes, nicht aber Gekochtes.

Dosenfutter enthält reichlich Eiweiß. Das Etikett muß genau gelesen werden: „Vollnahrung" enthält bereits pflanzliche Futtermittel und ist futterfertig. Zu „Fleischnahrung" müssen noch Flocken, Reis oder Gemüse zugemischt werden. Als vermeintlicher Nachteil werden vielfach die großen Kotmengen nach Verfütterung von Dosenfutter empfunden. Sie sind Folge des Rohfaseranteils und der damit verbundenen guten Darmfüllung. Geschwächte kranke Hunde reagieren bei plötzlicher Umstellung auf Dosenfutter gelegentlich mit Durchfall.

Fertigfuttermischungen aus Trockenfleisch und Nährmitteln werden mit warmem Wasser oder Brühe dickbreiig angerührt – eine unproblematische Futterzubereitung.

Trockenfutter in Keks- oder Ringform und Hundekuchen enthält fünfmal weniger Wasser als normal feuchtes Futter. In einem Extranapf muß daher unbedingt Wasser angeboten werden. 200 g Trockenfutter haben etwa den gleichen Nährwert wie eine 850-g-Dose Vollnahrung oder 400 g Fleisch und 125 g Flocken. Zusätzliche „Leckerlis" sind Dickmacher!

Fertigfutter ist meist nach dem Bedarf erwachsener Hunde zusammengestellt. Es enthält mit Ausnahme speziellen Welpen-Dosenfutters zu wenig Eiweiß für den wachsenden Hund. Trockenfutter hat meist einen niedrigeren Eiweißgehalt als Dosenfutter. Junghunde müssen daher eine Eiweißzulage erhalten, zum Beispiel eine Fleischmahlzeit oder Zumischung von Fleisch oder Fleisch-Fertignahrung. Fertigfuttermischungen können auch mit Milch angerührt werden.

Eigener Herd . . .

Schwieriger ist es, seinen Hund mit selbstzubereitetem Futter zu ernähren. Man muß dazu einiges über Wert und Eigenschaften der Futtermittel wissen. **Fleisch** ist die Futtergrundlage. Rinderpansen und Blättermagen, Herz, Fleischabschnitte, Maulfleisch sind ein fast vollwertiger Ersatz für das teurere Muskelfleisch. Besonders wertvoll ist „grüner" Pansen, ein roher, ungereinigter Rindermagen: Die Futterreste sind bereits vorverdaut und enthalten Vitamine, die aus dem Pflanzenfutter stammen oder im Pansen gebildet wurden. Haltbarer und weniger duftend ist der gereinigte und gebrühte „weiße" Pansen. Rohe Leber und rohe Milz haben eine abführende Wirkung und dürfen daher – je nach Kotbeschaffenheit – nur in kleinen Mengen zugegeben werden. Geflügelinnereien sollten stets gekocht werden. Sie könnten sonst Durchfall verursachen oder die gefürchtete Aujeszkysche Krankheit übertragen. Die Fleischgrundlage sollte stets aus verschiedenen Bestandteilen bestehen. Bei einseitiger Zusammensetzung, zum Beispiel ausschließlich Pansen, können Eiweißbausteine fehlen, die der Hund braucht.
Andere Eiweißquellen können das Futter vervollständigen. Hunde mit gesunder Leber und Niere dürfen gelegentlich unverdorbenen Fisch, frei von harten Gräten, fressen. Junghunde bis zum sechsten Monat können täglich eine mit Milch hergestellte Mahlzeit erhalten. Bei älteren Junghunden muß Kuhmilch verdünnt werden. Erwachsene Hunde erhalten – wie in der Natur – keine Milch. Sie können den Milchzucker nicht verdauen. Der Darminhalt wird dadurch zu weich. Hauterkrankungen können die Folge sein. Besser als Kuhmilch sind Welpenmilch-Präparate, die auch von älteren Hunden vertragen werden. Auch rohes Eiklar kann der Hund nicht richtig verdauen. Rohes Eigelb ist dagegen vor allem für junge und kranke Hunde gesund und bekömmlich. Gekochte und gebratene Eier verträgt jeder Hund. Viele Hunde mögen auch Magerquark – eine wertvolle Ergänzung hochwertigen Eiweißes – besonders für Junghunde. Käse ist entgegen Vorurteilen nicht schädlich. Käserinden, Wurstpellen, Geräuchertes und Gewürztes gehören aber nicht in den Hundenapf.
Einkaufsmöglichkeiten für Futterfleisch bieten Hundefutterhandlungen und Fleischereien sowie Zoogeschäfte und Supermärkte. Frisches Futterfleisch ist leicht verderblich und sollte auch bei Kühlung nicht länger als zwei Tage

aufbewahrt werden, gekochtes hält sich ein bis zwei Tage länger. In der Gefriertruhe kann man Fleisch etwa drei Monate aufbewahren, zweckmäßigerweise in dicht schließenden Kunststoffbeuteln portionsweise verpackt.

Die Zubereitung des Futters erfordert nur geringen Aufwand. Da der Hund sein Futter nicht kaut, sondern schlingt, wird das Fleisch in maulgerechte Happen geschnitten, aber nicht wie Hackfleisch zerkleinert. Viele Hundefutterhändler nehmen dem Käufer diese Arbeit ab. Das frische oder aufgetaute Fleisch wird mit heißem Wasser angebrüht. So bleibt es innen roh, wird aber leicht erwärmt. Eiskaltes Futter ist Gift für den Hundemagen.

Als pflanzliche Ergänzung können gekochte Haferflocken, Graupen oder Reis zugegeben werden. Einfacher geht es mit „Hundeflocken", einem Gemisch getoasteter und daher verdaulicher Getreideerzeugnisse mit ausreichendem Rohfasergehalt. Zwei Maß Flocken werden einem Maß Fleisch mit warmem Wasser zugemischt. Das Futter soll dickbreiig, nie suppig sein. Junghunde erhalten Flocken und Fleisch zu gleichen Raumteilen. Von Fall zu Fall sollen die Flocken ganz oder teilweise durch Gemüse ersetzt werden, das mit einer Gabel zerdrückt wird. Es schadet nichts, wenn Essenreste leicht gesalzen sind. Der Hund braucht Kochsalz für eine einwandfreie Nierentätigkeit. Hülsenfrüchte und Kohl gehören allerdings nicht ins Hundefutter. Sie sind schwer verdaulich und verursachen Blähungen.

Rohkost, insbesondere fein zerkleinerte Möhren und Äpfel, sind eine sättigende und vitaminreiche Futterergänzung. Auch gehackte Petersilie oder Kresse und frische Obst- und Gemüsesäfte können das Vitaminangebot vervollständigen.

Zur Versorgung mit ungesättigten Fettsäuren – wichtig zum Beispiel für Haut und Haar – kann dem Futter einmal wöchentlich ein Teelöffel Pflanzenöl zugesetzt werden. Auch eine Scheibe Brot mit Pflanzenmargarine ist eine vorzügliche Ergänzung, insbesondere gut durchgebackenes Roggenbrot. Brot soll aber nie eingeweicht werden.

Für den Junghund ist eine ausreichende Vitamin-D-Versorgung zur Verhütung der Knochenweiche (Rachitis) besonders wichtig. Überdosierungen sind aber schädlich. Anstelle des Lebertrans sollten daher genau dosierbare Vitamin-D-Präparate nach tierärztlicher Verordnung gegeben werden. Bierhefe – Bestandteil vieler Hundeflocken – enthält auch B-Vitamine. Für den jungen Hund ist die Zufütterung von „Futterkalk" für Wachstum und Knochenbau unerläßlich. Aber auch der erwachsene Hund braucht eine Mineralstoffergänzung, weil selbstzubereitetes Futter nicht alle Stoffe in ausreichender Menge enthält. Speziell für den Bedarf des Hundes zusammengestellte Mittel sind besser und billiger als Kalktabletten für Menschen.

Knochen enthalten Mineralstoffe, sind aber schwer verdaulich und können hartnäckige Verstopfungen verursachen. Hundekuchen oder Kauknochen aus Leder erfüllen allerdings den gleichen Zweck. Ältere Tiere mit Verdauungsproblemen oder Zahnkrankheiten müssen auf Knochen verzichten. Harte

Röhrenknochen, vor allem von Geflügel, können splittern und Darmverletzungen verursachen. Kotelettknochen können in der Speiseröhre steckenbleiben. Sie gehören in den Mülleimer.

Wasser, immer frisch und sauber, nie eiskalt, muß dem Hund ständig zur Verfügung stehen. Ein gesunder Hund trinkt zwar bei normal feuchtem Futter kaum, muß aber doch bei Hitze, nach Anstrengungen oder zu bestimmtem Futter seinen Durst löschen können. Ständig stark vermehrter Durst ohne erkennbaren Grund ist ein Krankheitszeichen.

Patentrezepte

Fragt man zehn Hundeexperten, erhält man sicher wenigstens neun „bewährte, für diese Rasse einzig richtige" Ernährungsanleitungen, von denen acht völlig richtig sind. Trotz aller Erfahrung und wissenschaftlicher Akribie gibt es gottlob viele Möglichkeiten, seinen Hund artgemäß und ausreichend zu ernähren. Man muß nur die angeführten Ernährungsregeln mit etwas Verständnis beachten – sei es mit Fertigfutter, sei es mit einem eigenen, auf Haushalt, Hund und Geldbeutel abgestellten Spezialrezept, sei es auch mit beidem.

Zwei edle Whippetköpfe

Gesundheit

Vorbeugen ist besser als Heilen

Artgerechte Haltung, Pflege und Ernährung sind Voraussetzungen für die Gesundheit. Das seelische Wohlbefinden des Hundes ist so wichtig wie das körperliche. Der gesunde Hund nimmt aufmerksam und lebhaft Anteil an seiner Umgebung. Er ist kräftig und ausdauernd. In der Ruhe atmet er 10- bis 20mal, das Herz schlägt 70- bis 100mal in der Minute. Die Körpertemperatur liegt um 38,5 °C. Gesundheit ist nicht nur „Freisein von Krankheiten", sie schließt auch Widerstandskraft gegen Infektionen ein.

Das Haarkleid schützt nicht nur gegen Wind und Wetter. Glattes, glänzendes, dicht anliegendes Haar ist auch Zeichen von Gesundheit. Glatthaar-Windhunde haben keine Unterwolle. Sie sollen täglich mit einer Spezialbürste gestriegelt werden. Ein Kamm wird nicht benutzt. Damit könnten auch gesunde Haare ausgerissen und kleinste Hautverletzungen verursacht werden. Besonders wichtig ist das Bürsten während des Haarwechsels im Frühjahr und zum Winteranfang. Durch Baden kann der schützende Säuremantel der Haut zerstört und das Haar entfettet werden. Der Windhund wird deswegen nur ausnahmsweise gebadet, zum Beispiel wenn er sich nach Hundeart in Aas oder Kot gewälzt hat. Dann wird er lauwarm geduscht und mit Hundeshampoo oder milden Haarwaschmitteln, nie jedoch mit Seife oder Spülmittel gewaschen. Nach gründlichem Ausspülen wird das Fell trockengerieben. An einem warmen, zugfreien Ort muß das Fell trocknen, ehe der Hund wieder hinaus darf.

Etwas ganz anderes ist das Baden in freier Natur. Windhunde sind gute und häufig begeisterte Schwimmer. An heißen Sommertagen sei ihnen eine Erfrischung gegönnt. Die natürlichen Schutzeinrichtungen von Haut und Haar werden sie vor Erkältungen bewahren.

Stumpfes Haar, ständiger Haarausfall und starker Geruch deuten auf innere Erkrankungen hin. Die Haut soll frei von Schuppen und Rötungen sein, kein Juckreiz soll den Hund plagen.

Flöhe, Läuse und Haarlinge kann auch der gepflegteste Hund von einer Hundebegegnung mitbringen. Bei Juckreiz wird als erstes die Haut auf Flohstiche – bis zu linsengroße, geschwollene Rötungen – und das Fell auf Parasitenkot – kleine schwarze Pünktchen – abgesucht. Lieblingssitze der ungebetenen Gäste sind die Innenflächen der Hinterbeine, die „Achselhöhlen" und die Ohrmuscheln. Bei leichtem Befall genügt ein Flohpuder oder -spray. Wirksamer sind Waschlösungen, die das Fell bis auf die Haut benetzen, oder verschreibungspflichtige Mittel, die auf die Haut getropft werden und bis zu vier

Wochen wirken. Das Ablecken solcher Mittel muß verhindert werden. Sie können Vergiftungen auslösen. „Anti-Floh-Halsbänder" geben bis zu drei Monaten gas- oder puderförmige, Insekten tötende Wirkstoffe ab. In engen Räumen wie Hundehütten können bei einigen Halsbändern Giftgaskonzentrationen auftreten, die auch für den Hund bedenklich sind. Manche Halsbänder verlieren zudem durch Nässe an Wirksamkeit. Bei Flohbefall muß immer das Lager des Hundes mitbehandelt werden, weil sich die Flöhe auch dort aufhalten und entwickeln. Moderne Spezialmittel töten dabei nicht nur erwachsene Flöhe, sondern stoppen auch die Entwicklung der Flohlarven. Hundedecken werden am besten ausgekocht, Teppiche regelmäßig gesaugt und Stroh in der Hütte gewechselt.

Zecken lassen sich aus dem Gebüsch auf den Hund fallen, beißen sich in der Haut fest und saugen sich mit Blut voll. Sie sehen dann wie prallgefüllte, graubraune bis zu kirschkerngroße Säckchen aus. Zecken dürfen nicht einfach ausgerissen werden. Dabei können die Beißwerkzeuge in der Haut steckenbleiben und zu Entzündungen führen. Man betäubt die Zecke mit Alkohol oder hüllt sie mit Öl ein und wartet etwa zehn Minuten. Am sichersten wirkt ein Spraystoß mit einem insektiziden „Desinsektspray". Die betäubte oder tote Zecke wird vorsichtig, entgegengesetzt dem Uhrzeigerverlauf, aus der Haut herausgedreht.

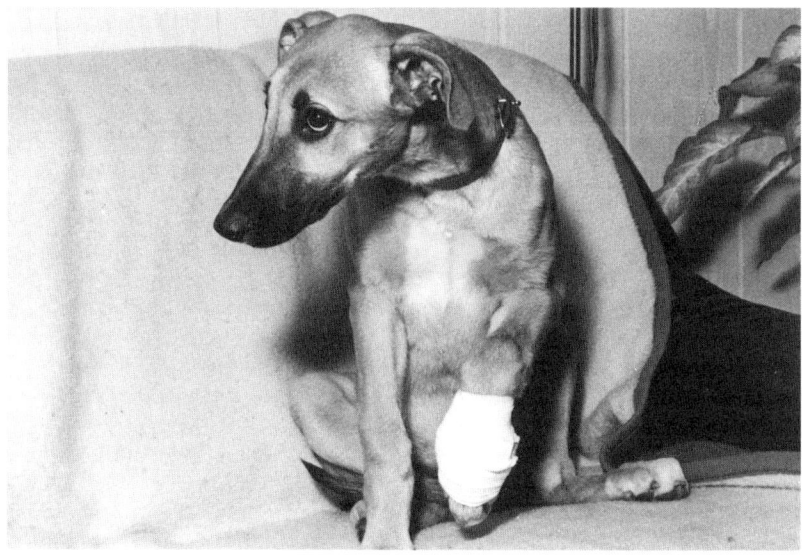

Ich leide sehr! Mich hat eine Wespe gestochen

Ohren. Die Glatthaar-Windhunde haben nur kleine, außen offene Ohren und neigen nicht zu Ohrenentzündungen. Treten dennoch Erkrankungen auf, sollte der Tierarzt aufgesucht werden. Denn die Ursache können Fremdkörper, wie Grasgrannen, oder anstechende Ohrmilben sein.

Die Augen werden mit einem Stückchen Mullbinde oder einem Taschentuch vom „Schlaf" gereinigt. Fusseln von Watte oder Papiertaschentüchern reizen die Schleimhäute. Bindehautentzündungen können auch durch Zugluft, Staub oder starke Sonne verursacht werden. Zur Linderung werden Augentropfen in den heruntergezogenen Bindehautsack geträufelt. Borwasser wird heute nicht mehr verwendet, weil feine Kristalle als Fremdkörper wirken können. Länger andauernder wäßriger, schleimiger oder eitriger Augenausfluß sollte nicht mit Hausmitteln kuriert werden. Es könnte eine Infektion vorliegen. Wucherungen auf der Rückseite der Nickhaut müssen meist operativ behandelt werden.

Die Zähne werden durch Hundekuchen oder Kauknochen ausreichend gereinigt. Auch die Tortur des Zähneputzens kann Zahnstein nicht verhindern. Zur Entfernung weicher Beläge eignet sich am ehesten ein Wattbausch, getränkt mit dreiprozentiger Wasserstoffsuperoxydlösung. Zahnstein ist ein fest anhaftender brauner Belag aus verhärteten Salzen. Fauliger Mundgeruch durch Zahnfleischentzündungen und -vereiterungen sowie Zahnausfall sind die Folgen. Zahnstein sollte frühzeitig fachkundig entfernt werden. Lose Zähne müssen gezogen werden; der Hund kann auf schmerzende Zähne gut verzichten. Nach Entfernung der Eiterherde wird er sich auch allgemein wohler fühlen, denn sie können den Körper vergiften und zum Beispiel chronische Herzklappenentzündungen auslösen. Auch Milchhakenzähne, die beim Zahnwechsel nicht ausfallen, müssen gezogen werden. Sie können zu Stellungsfehlern im bleibenden Gebiß führen.

Die Analbeutel sollen eigentlich bei jedem Kotabsatz eine individuelle Duftmarke zur Revierkennzeichnung hinterlassen. Infolge der Domestikation funktioniert die Entleerung häufig nicht richtig. Sekretstauungen sind die Folge. Den Juckreiz versucht der Hund vergeblich durch Rutschen auf dem After zu beseitigen. Dieses „Schlittenfahren" ist entgegen landläufiger Vermutung fast nie auf Wurmbefall zurückzuführen. Stark gefüllte Analbeutel müssen fachkundig ausgedrückt, vereiterte müssen tierärztlich behandelt werden.

Die Krallen werden bei normalem Auslauf auf festem Boden ausreichend abgelaufen. Nur bei krankhaftem Hornwachstum oder Stellungsfehlern müssen sie geschnitten werden. Dabei soll die in der Kralle verlaufende Ader nicht verletzt werden.

Erste Hilfe tut not

Hautverletzungen müssen genau inspiziert werden. Oberflächliche Abschürfungen oder Schrunden können mit Hausmitteln behandelt werden. Auf jeden Fall werden im Bereich der Verletzungen die Haare mit einer gebogenen

Schere kurz abgeschnitten. Sie verkleben sonst mit dem Wundsekret, Vereiterung ist die Folge. Die Wunde wird mit Wundgel, -spray oder -tinktur behandelt. Fetthaltige Salben behindern den heilungsfördernden Luftzutritt, Puder verkrustet. Bei tieferen Wunden mit Durchtrennung der Haut sollte umgehend ein Tierarzt hinzugezogen werden. Bei Beißereien und Stacheldrahtverletzungen wird die Haut oft vom Körper losgerissen, so daß tiefe Taschen entstehen. Haare und Schmutz in der Tiefe der Wunden müssen so weit wie möglich entfernt werden. Von Fall zu Fall ist zu prüfen, ob eine „offene Wundbehandlung" oder eine Naht besser ist. Nur frische Wunden können mit Aussicht auf komplikationslose Heilung genäht werden. Auf jeden Fall muß verhindert werden, daß der Windhund seine Wunden beleckt. Seine Haut ist hochempfindlich, so daß sich Wunden durch die mechanische Störung leicht vergrößern, statt abzuheilen.

Wundstarrkrampf ist beim Hund selten. Impfungen sind daher nicht üblich. Zur Vorbeuge sollen Wunden ausbluten und nicht luftdicht abgedeckt werden. Wenn größere Adern verletzt sind, kommt es zu andauernden, starken Blutungen. Häufig tritt Blut im Strahl aus. Dann muß zur Ersten Hilfe ein Druckverband angelegt werden. An ungünstigen Körperstellen wie am Kopf kann auch von Hand eine Kompresse aufgedrückt werden. Gliedmaßen können abgebunden werden, die Abbindung muß aber viertelstündlich kurz gelöst werden. In solchen Fällen ist stets umgehend tierärztliche Hilfe erforderlich.

Unfälle können auch zu inneren Verletzungen und Gehirnerschütterungen führen. Bei Bewußtseinstrübungen soll nie Flüssigkeit eingeflößt werden. Die Maulschleimhaut kann aber mit Kaffee, Tee oder auch einfach mit Wasser befeuchtet werden.

Der Hund wird seitlich mit tiefliegendem Kopf und herausgezogener Zunge auf einer Decke gelagert, die, von zwei Personen an den Ecken strammgezogen, auch als „Tragbahre" dient. Am Unfallort sind meistens die Diagnose und vor allem eine wirksame Schockbehandlung erschwert. Telefonisch sollte zur Vermeidung unnötiger Wege und Zeiten ein dienstbereiter Tierarzt verständigt und umgehend aufgesucht werden.

Lahmheiten können viele Ursachen haben. Als erstes wird die Pfote untersucht. Dornen oder Splitter werden ausgezogen. Wunde Stellen und Krallenbettentzündungen sollten immer vom Tierarzt behandelt werden.

Bei Schwellungen, Prellungen und Verstauchungen kann das Fell des betroffenen Körperteils mehrmals täglich mit kaltem Wasser durchnäßt werden. Das wirkt wie ein Kühlverband, lindert den Schmerz und hemmt – frühzeitig angewendet – weitere Schwellungen. Wenn ein Bein überhaupt nicht belastet wird, besteht Verdacht auf Knochenbruch. Bei stark abnormer Beweglichkeit können die Gliedmaße durch eine Notschiene ruhiggestellt werden. Ein feuchtes Tuch, zwei ausreichend lange Stöcke und Binden oder Leukoplast genügen fürs erste. Die benachbarten Gelenke müssen mit fixiert werden.

Andauernde, wiederkehrende oder sich verschlimmernde Bewegungsstörungen sind stets ein Fall für den Tierarzt. Bei Junghunden können schmerzhafte Knochenauftreibungen oder Ablösungen des Ellenbogenhöckers zu Lahmheiten führen. Ältere Hunde leiden oft unter chronischen Gelenkentzündungen. Die Hüftgelenksdysplasie (HD) kommt bei Windhunden nicht vor. Im Alter können auch die Rückenmarkshäute verknöchern. Dadurch werden die Nerven eingeklemmt. Zunehmende Nachhandschwäche bis hin zur Lähmung ist die Folge. Relativ oft wird das Humpeln auf einem Hinterbein durch eine Ausrenkung der Kniescheibe oder durch Riß von Bändern bedingt, die operativ fixiert werden müssen.

Vergiftungen sind meist „Unglücksfälle" und nur selten böse Absicht. Rattengift kann bei unsachgemäßem Auslegen direkt, aber auch mit vergifteten Nagetieren aufgenommen werden. Meist handelt es sich um Cumarinpräparate, die zu inneren Blutungen führen. Vorsicht ist auch bei Schädlings- und Unkrautbekämpfungs- sowie bei Frostschutzmitteln geboten. Hochgiftige Thallium-, Zinkphosphid- und Arsenzubereitungen, Blausäure und Strychnin sind heute gottlob kaum noch erhältlich. Die besten Überlebenschancen bestehen, wenn man „auf frischer Tat" das Gift wieder aus dem Magen herausbefördern kann. Der Tierarzt kann Erbrechen durch eine Spritze auslösen, der Laie durch Eingeben von zwei bis drei Teelöffeln Salz. Nach dem Erbrechen kann eine Aufschwemmung von etwa zehn Kohlekompretten eingeflößt werden. Milch wird nicht gegeben, weil verschiedene Gifte fettlöslich sind. Etwa vorhandene Hinweise auf die Art des Giftes ermöglichen eine rechtzeitige, gezielte tierärztliche Behandlung. Ungewisser sind die Aussichten, wenn Vergiftungsfolgen wie Krämpfe, Mattigkeit oder Brechdurchfall schon eingetreten sind, die Ursache aber nur vermutet werden kann. Eine genaue Diagnose ist oft erst durch Spätschäden wie Blutungen oder Haarausfall möglich. Dann kann es für eine Rettung bereits zu spät sein.

Durchfall ohne Fieber bessert sich häufig nach einem Fastentag: Der Hund erhält ausschließlich stark verdünnten Tee mit einer Prise Salz, aber ohne Zucker. Zur Geschmacksverbesserung ist Süßstoff erlaubt. Zusätzlich ist es nie verkehrt, eine Aufschwemmung von Kohlekompretten einzugeben. Keinesfalls darf Durchfall mit Wasserentzug „behandelt" werden; der Körper würde zu stark austrocknen. Am zweiten Tag erhält der Hund in kleinen Portionen ein Diätfutter, zum Beispiel Beefsteakhack, Schmelzflocken und rohen geriebenen Apfel. Am dritten Tag muß der Kot zumindest wieder dickbreiig sein.

Verstopfungen lassen sich oft durch rohe Leber oder Milz oder einige Teelöffel süßer Dosenmilch beheben. Bei krampfhaft vergeblichem Drängen kann ein Mikroklistier Erfolg bringen. Bei einer Verhärtung von Knochenteilen im Enddarm hilft allerdings meist nur ein fachgerechter Einlauf.

Erbrechen ist keine selbständige Krankheit. Einmaliges Erbrechen kann durch zu hastiges Fressen, zu kaltes Futter oder Aufnahme von Fremdkörpern ausgelöst werden. Gelegentliches Erbrechen ist beim Hund ohne große Bedeutung. Um zu erbrechen, frißt der Hund häufig Gras. Geschieht dies regelmäßig

oder wird ständig das Futter erbrochen, muß ein Tierarzt hinzugezogen werden. Auch Durchfall und Erbrechen mit Fieber sind kein Fall für Hausmittel.
Scheinschwangerschaft tritt bei manchen Hündinnen etwa acht Wochen nach der Läufigkeit auf. Sie sind unruhig, „bemuttern" irgendwelche Gegenstände, fressen schlecht und erbrechen gelegentlich. Das Gesäuge schwillt, Milch bildet sich. Abhilfe schafft häufig wenig Fressen und Trinken bei viel Bewegung und Beschäftigung. Das Gesäuge kann mehrmals täglich mit kaltem Wasser befeuchtet werden, um Schwellung und Milchproduktion zu hemmen. Keineswegs soll die Milch ausgedrückt werden. Damit würde nur die weitere Milchbildung angeregt. Bei sehr starker Gesäugeschwellung und trotz Hausmitteln nicht nachlassenden Erscheinungen muß der Tierarzt verständigt werden.
Insektenstiche, vor allem durch das Schnappen nach Wespen und Bienen verursacht, können schnell zu erheblichen Schwellungen am Kopf oder, noch schlimmer, im Rachen führen. Äußerliche Kühlung mit Eiswürfeln und eine Tablette gegen Allergie – falls zur Hand – ersparen oft nicht die möglichst rasche tierärztliche Behandlung.

Alarmzeichen

Fieber ist eine Abwehrreaktion des Körpers, meist auf Infektionen. Die Hundenase kann auch beim kranken Hund feucht und kühl sein. Die Temperatur muß mit einem Fieberthermometer (je nach Modell bis zu fünf Minuten) im Mastdarm gemessen werden. Sie darf nicht über 39 °C liegen. Untertemperaturen unter 37,5 °C entstehen infolge einer Reduzierung der Stoffwechselvorgänge häufig vor dem Tod.
Husten, als ob ein Knochen im Hals säße, tritt bei Mandelentzündungen auf. Ernstere Infektionen wie Zwingerhusten oder gar Staupe können vorliegen. Pumpende Atmung entsteht durch eine Lungenentzündung, aber auch durch Wasseransammlung in der Lunge, zum Beispiel infolge von Vergiftungen. Bei alten Hunden kann der damit verbundene Husten auch auf eine Herzschwäche zurückzuführen sein. Bauchpressen und Aufblasen der Backen sind Zeichen höchster Atemnot.
Schleimhäute im Auge und im Fang geben Hinweis auf innere Erkrankungen: Blässe deutet auf Blutarmut hin, Gelbfärbung auf Leberschäden mit Gelbsucht, Blutungen auf schwere Infektionen oder Vergiftungen, eine bläuliche Färbung tritt bei Herz- und Kreislaufschwäche auf.
Kot und Urin mit Blutbeimengungen lassen schwerwiegende, krankhafte Veränderungen erkennen. Bei Blutungen im Magen und in den vorderen Darmabschnitten kann der Stuhl durch das verdaute Blut pechschwarz aussehen. Nierenerkrankungen können auch mit erhöhtem Durst verbunden sein. Wenn Mattigkeit und Mundgeruch hinzukommen, ist meist bereits eine Harnvergiftung eingetreten. Harnsteine, Blasenriß oder Vergiftungen können dazu füh-

ren, daß überhaupt kein Urin mehr abgesetzt wird; dann besteht höchste Gefahr. Geschwülste, Prostatavergrößerungen und Mastdarmveränderungen erschweren den Kotabsatz. Verhärtete Knochenteile können den Enddarm völlig verstopfen. Erbrechen und zunehmende Mattigkeit bei fehlendem Kotabsatz sprechen für einen Darmverschluß oder einen Fremdkörper im Darm. **Speicheln** wird im harmlosesten Fall durch Fremdkörper in der Maulhöhle oder durch lose Zähne verursacht, bedenklicher wäre eine Vergiftung oder Pseudowut, schlimmstenfalls ist an Tollwut zu denken. **Umfangsvermehrungen** des Bauches bei sonst normalem Ernährungszustand oder zunehmende Abmagerung können durch Tumore oder Bauchhöhlenwasser hervorgerufen werden. Bei einer Gebärmuttervereiterung besteht gleichzeitig fast immer starker Durst, gelegentlich auch Scheidenausfluß. Eine plötzliche Aufblähung des Bauches mit Kolik und Kreislaufschwäche, bedingt durch eine Magendrehung, erfordert unverzügliche Operation. Eine Entzündung der Kaumuskeln mit Schwellung und Verhärtung sowie hervortretenden Augäpfeln muß sofort tierärztlich behandelt werden.

Infektionen bedrohen die Gesundheit

Staupe und ansteckende Leberentzündung (Hepatitis) sind Viruskrankheiten, die für Junghunde besonders gefährlich sind, aber auch ältere Hunde befallen. Staupe beginnt mit einem häufig kaum merkbaren, kurzen Fieber, dem nach etwa acht Tagen eine schwere Lungenentzündung mit eitrigem Augen- und Nasenausfluß oder ein Durchfall folgt. Eine besondere Verlaufsform ist mit einer Verhärtung der Ballen verbunden. Nach scheinbarer Besserung treten nervöse Erscheinungen bis hin zu Krämpfen auf, die meistens zum Tod führen. Nach überstandener Staupe bleibt häufig ein nervöses Zucken der Kopfmuskeln, der „Staupetick", nach Erkrankungen im Junghundalter das „Staupegebiß" mit erheblichen Zahnschmelzdefekten zurück. Die ansteckende Leberentzündung verläuft ähnlich, mit hohem Fieber, Apathie und Appetitlosigkeit; Hornhauttrübungen können bleibende Folgeschäden sein.
Stuttgarter Hundeseuche (Leptospirose) wird durch Bakterien verursacht und von Hund zu Hund übertragen. Sie beginnt häufig mit einer Schwäche in den Hinterbeinen. Geschwüre im Maul, Magen und Darm sind mit aasartig-faulem Maulgeruch und blutigem Durchfall verbunden.
Tollwut tritt bei Hunden nur noch selten auf. Die Seuche wird vor allem durch Füchse übertragen. Hinweisschilder warnen in gefährdeten Gebieten vor Tollwut. Die Krankheit ist besonders tückisch: Die typischen Wuterscheinungen wie heiseres Gebell, Wasserscheue, Unruhe und unmotivierte Beißwut fehlen häufig. Die „stille Wut" ist im Anfangsstadium schwer zu erkennen. Ein erkranktes Tier stirbt immer.
Parvovirose ist bei uns in den letzten Jahren regelmäßig aufgetreten. Die Seuche wurde zunächst auf Ausstellungen verbreitet. Der Erreger ähnelt dem

Ein typvoller Greyhound-Kopf

Katzenseuchevirus. Die Ansteckung erfolgt über die Ausscheidungen von Hund zu Hund. Bei Welpen tritt plötzlicher Herztod auf, ältere Hunde sterben nach unstillbarem, blutigem Durchfall und Erbrechen.

Impfungen schützen vor diesen Infektionskrankheiten

Welpen in gefährdeten Zuchten oder ungeimpfte Hunde mit verdächtigen Krankheitserscheinungen können mit einem Serum behandelt werden, das fertige spezifische Abwehrstoffe enthält. Diese „passive Immunisierung" schützt aber nur für zwei bis drei Wochen. Der Käufer eines Hundes sollte den Impfpaß daraufhin genau prüfen.

Länger dauernden Schutz vermittelt nur die „aktive" Schutzimpfung. Dabei werden abgeschwächte oder abgetötete Infektionserreger eingeimpft. Der Körper reagiert darauf mit der Bildung eigener Abwehrstoffe. Bei den heute üblichen Kombinationsstoffen kennzeichnen die Buchstaben S, H, L, T und P die Wirksamkeit gegen die in Frage kommenden Seuchen.

Welpen werden mit sieben bis acht Wochen das erste Mal geimpft und müssen dann mit zwölf Wochen nachgeimpft werden. Bei älteren Hunden genügt eine einmalige Grundimmunisierung. Der einmal gebildete Impfschutz baut sich im Laufe der Zeit ab. Kommt der Hund mit betreffenden Seuchenerregern in Berührung, so wird die Antikörperbildung aufgefrischt. Ist der Impfschutz aber bereits zu stark abgesunken, kann der Hund erkranken. Deshalb sind Auffrischungsimpfungen alle zwei Jahre gegen Staupe und Hepatitis erforderlich, gegen Leptospirose und Tollwut sowie je nach Impfstoff gegen Parvovirose jährlich. Ein sicherer Impfschutz des Hundes ist auch für den Menschen wichtig. Erkrankte Hunde können Leptospiren übertragen, die beim Menschen das „Canicola-Fieber" oder die „Weilsche Krankheit" hervorrufen. Hundetollwut ist wegen des engen Kontaktes für Menschen viel gefährlicher als Wildtollwut. Geimpfte Hunde übertragen keine Tollwut. Nach einem Kontakt mit verdächtigem Wild brauchen sie deshalb auch nicht getötet zu werden, wie dies für ungeimpfte Hunde gesetzlich vorgeschrieben ist. Schließlich können sie auf Auslandsreisen mitgenommen werden.

Gegen andere Infektionen schützt Vorsicht

Toxoplasmose wird durch einzellige Schmarotzer hervorgerufen. Ihr Stammwirt ist die Katze. Bei anderen Tieren werden ansteckungsfähige Dauerformen gebildet. Hunde erkranken überwiegend durch infiziertes Schweinefleisch. Für die Ansteckung des Menschen wurden sie früher zu Unrecht verantwortlich gemacht.

Aujeszkysche Krankheit wird ebenfalls durch Schweinefleisch übertragen. Unstillbarer Juckreiz, Unruhe, Ängstlichkeit und Speichelfluß haben gewisse Ähnlichkeit mit Tollwut. Die Krankheit wird daher auch „Pseudowut" genannt. Schweinefleisch und in der Zusammensetzung unbekannte Fleischmischungen (zum Beispiel aus Supermärkten) müssen deshalb gut durchgekocht werden. Fertigfutter und Rindfleisch sind dagegen unbedenklich.

Zwingerhusten tritt vor allem in Tierheimen und Hundehandlungen auf. Unter begünstigenden Umständen lösen Viren und Bakterien gemeinsam Entzündungen von Luftröhre und Bronchien aus. Kennzeichnend ist ein kurzer, trockener Husten. Sekundärinfektionen können den Krankheitsverlauf verschlimmern. Einen gesunden Hund kauft man mit größerer Wahrscheinlichkeit beim Züchter. Während des Urlaubs sollte man seinen Hund nicht in unbekannte Heime oder Pensionen geben.

Wurmkuren gegen unerwünschte Kostgänger

Spulwürmer können bei Junghunden zu Verdauungs- und Entwicklungsstörungen, zu Vergiftungserscheinungen und sogar zum Tod führen. Fast alle Welpen werden im Mutterleib mit Spulwürmern infiziert. Die ersten Wurmkuren soll schon der Züchter durchführen. Junghunde werden vierteljährlich entwurmt. Ältere Hunde beherbergen nur noch einzelne Würmer. Sie richten zwar keinen großen Schaden an, sind aber eine ständige Infektionsquelle. Einmal jährlich sollte daher vorsorglich ein Wurmmittel verabreicht werden. Bei festgestelltem Wurmbefall ist eine sofortige Entwurmung mit einer Wiederholungsbehandlung nach zwei bis drei Wochen erforderlich. Rohe Möhren garantieren keine Wurmfreiheit. Wirksame und verträgliche Mittel sind verschreibungspflichtig. Sie wirken auch gegen andere Rundwurmarten, zum Beispiel gegen Hakenwürmer.

Spulwürmer sind auf ihre Wirtstierarten spezialisiert; wenn der Mensch Hundespulwurmeier aufnimmt, schlüpfen zwar Larven und beginnen ihre Wanderung im Körper, sie bleiben jedoch in Organen oder Muskeln stecken und können dort schmerzhafte Entzündungen verursachen. Besonders gefährdet sind „Krabbelkinder". Wurmkuren dienen daher auch dem Gesundheitsschutz der Familie. Auf Kinderspielplätzen haben Hunde nichts zu suchen. **Bandwürmer** brauchen für ihre Entwicklung stets einen Zwischenwirt. Für den Hundebandwurm ist dies der Floh. Er nimmt die Wurmeier auf, aus denen sich eine Finne entwickelt. Der Hund „knackt" den Floh – die Finne wächst im Hundedarm zum fertigen Bandwurm aus. Mit dem Kot erscheinen nach geraumer Zeit einzelne kürbiskernförmige, anfangs noch bewegliche Bandwurmglieder oder ein längeres, deutlich gegliedertes Wurmende. Die meisten Spulwurmmittel sind gegen Bandwürmer unwirksam. Heute gibt es aber gut verträgliche und sicher wirkende Bandwurmmittel. Zur Bandwurmkur gehört stets eine Flohbehandlung von Hund und Lager.

Besonders bei Jagdhunden kann auch der „gesägte Bandwurm" auftreten, dessen Zwischenwirte Hasen und Kaninchen sind. Andere Bandwurmarten, die durch Fisch oder Wild, Rinder- oder Schafeingeweide übertragen werden, kommen seltener vor. Dazu zählt der „dreigliedrige Bandwurm", der als einziger auch dem Menschen gefährlich werden kann. Der Hund sollte zur Vorbeuge keine rohen „Konfiskat"-Innereien erhalten und daran gehindert werden, Kadaver von Wildtieren anzufressen. Für Menschen besonders gefährlich ist der vor allem in einigen Gegenden Süddeutschlands verbreitete „Fuchsbandwurm", der auch durch Hunde übertragen werden kann. Neben regelmäßigen Bandwurmkuren ist es die beste Vorbeuge, den Hund in Wald und Flur anzuleinen.

Gefahren für die menschliche Gesundheit?

Impfungen und Wurmkuren schränken Ansteckungsgefahren ein. Hygiene tut ein übriges: Selbstverständlich hat der Hund sein eigenes Lager und Futtergeschirr; beides ist peinlich sauber. Rasen und Wege werden von Hundekot freigehalten. Der Hund wird so erzogen, daß er das Gesicht nicht ableckt. Das Belecken der Hände ist Ausdruck seiner Zuneigung. Man darf sie dulden, denn man kann sich die Hände anschließend waschen. Vorsichtige können Lager, Hütte und andere hygienegefährdete Stellen und Gegenstände regelmäßig desinfizieren. Die Mittel sollen gegen Viren, Bakterien und Pilze wirken. Zur Schnelldesinfektion eignet sich ein „Desinsektspray", der auch Ektoparasiten abtötet. Besonders angezeigt sind solche Maßnahmen, wenn der Hund eiternde Wunden, Ekzeme, Furunkel oder eine Vorhaut-, Zahnfleisch- oder Mandelentzündung hat. Diese Infektionen sind konsequent zu behandeln. Eitererreger können auch beim Menschen Komplikationen verursachen. Vorsicht ist stets bei schlecht heilenden oder sich ausbreitenden Ekzemen geboten:

Räudemilben sind zwar auf Tierarten „spezialisiert", können jedoch auch beim Menschen juckende Hautrötungen verursachen. Hautpilzinfektionen sind auf Menschen übertragbar. Daher sollte man umgehend eine Spezialuntersuchung und Behandlung veranlassen. Pilzinfektionen entstehen beim Menschen in der Regel nur, wenn sich die Erreger länger als 12 bis 24 Stunden auf der menschlichen Haut einnisten können. Gründliches Waschen bannt die Gefahr. Zusätzliche Sicherheit bietet ein Handdesinfektionsmittel, das nach Berührung verdächtiger Stellen oder Ausscheidungen in die Hände eingerieben wird.

Allergien sind auch durch größte Sauberkeit nicht immer zu vermeiden. Einige Menschen reagieren bei Kontakt mit Tierhaaren und -hautteilen mit Ausschlägen oder Atembeschwerden. Katzen, Meerschweinchen und Vögel sind viel öfter als Hunde die Auslöser; viele andere pflanzliche und tierische Stoffe kommen hinzu. Die Allergieursache kann von einem Hautarzt durch Spezialtests auf der Haut ermittelt werden. Auf Verdacht braucht also kein Hund abgeschafft zu werden. Und vor der Anschaffung eines Windhundes brauchen auch gesundheitsbewußte Hundefreunde nicht zurückzuschrecken.

Anschriften, die Sie kennen sollten

Bundesrepublik Deutschland
Verband für das Deutsche
Hundewesen e. V. (VDH)
Westfalendamm 174
D-4600 Dortmund 1

Deutscher Windhundzucht-
und Rennverband e. V.
Eckhard Schitt
Jagdhaus am Paß
D-6274 Hünst-Bechtheim

Frankreich
Société Centrale Canine
215 rue Saint Denis
F-75083 Paris Cedex 02

Niederlande
Raad van Beheer
op Kynologisch Gebied
Emmalaan 16
NL-1007 AX Amsterdam Z

Schweiz
JGWR
Rudolf Allemann
Zuchwilerstr. 30
CH-4500 Solothurn

Weiterführende Literatur aus dem Verlag Paul Parey, Hamburg und Berlin

BEYERSDORF, P., 1981:	Dein Hund auf Ausstellungen. (Neuauflage 1993 geplant)
FIEDELMEIER, L., 1983:	Kauf, Pflege und Fütterung des Hundes, 3. Auflage.
KOBER, U., 1993:	Pareys Hundebuch. 2. Auflage.
POORTVLIET, R., 1987:	Mein Hundebuch, 2. Auflage.
QUEDNAU, F., 1987:	Rechtskunde für Hundehalter.
SCHMIDTKE, H.-O., 1984:	Gesundheitsfibel für Hunde, 2. Auflage.
WEIDT, H., 1993:	Der Hund, mit dem wir leben: Verhalten und Wesen, 2. Auflage.

Bildnachweis

Seiten 12, 41, 75, 95	B. Näve, Hamburg
Seite 13	R. Knauber, Saarbrücken
Seiten 14, 16, 17, 18, 32, 33, 37	Bildarchiv DWZRV
Seiten 24, 74, 79, 89	R. Kahl, Mainz
Seite 26	K.-H. Nause, Sibbesse
Seiten 34, 87	W. Hansen, Burgwald
Seite 35	H. Munkelt, Berlin
Seiten 38, 43, 44, 50, 78	W. Peschges, Meerbusch
Seite 46	E. Dreckmann, Hamfelde
Seite 54	D. Kleineberg, Kerken
Seite 58	M. Haas, Wuppertal
Seite 64	Jan Scotland, Bremen
Seite 70	C. van Arkel, Utrecht

Die übrigen Abbildungen stammen von der Verfasserin.

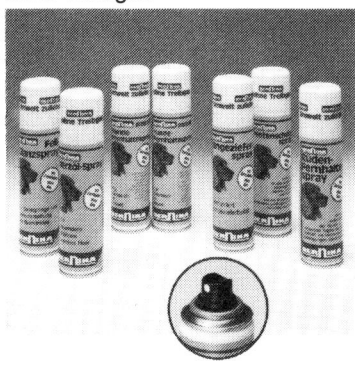

BÜCHER FÜR DEN HUNDEFREUND

Rien Poortvliet
Mein Hundebuch
Aus dem Holländischen übertragen.
2. Auflage. 1987. 232 Seiten mit mehr
als 750 farbigen Zeichnungen. Format
28 x 22 cm. Gebunden 64,– DM

Was Rien Poortvliet hier geschaffen hat,
ist einfach mehr als ein Hundebuch
herkömmlicher Art. Das ist eine span-
nende, bunte, vielversprechende Ent-
deckungsreise in die Welt der Hunde:
Hunderte von farbigen Zeichnungen,
Skizzen und Bildern. In die brillante
Galerie von mehr als 80 Hundeporträts
streut Poortvliet seine Geschichten
und Anekdoten von Hunden und Menschen. Ein meisterhaftes Buch für alle
Hundefreunde.

Heinz Weidt
Der Hund, mit dem wir leben:
Verhalten und Wesen
2. Auflage. 1993. 231 Seiten mit 91 Abbildungen, davon 27 farbig. Gebunden
48,– DM

Die das Verhalten des Hundes unwider-
ruflich prägende und für das Verhältnis
Mensch – Hund entscheidende Entwick-
lungsphase (bis zur 14. Lebenswoche)
wird analysiert, beschrieben und mit
Abbildungen dokumentiert. Selten
wurden verhaltensbiologische Erkennt-
nisse über den Hund so verständlich
und praxisnah vermittelt.

Freimut Quednau
Rechtskunde für Hundehalter
1987. 201 Seiten. Kartoniert 32,– DM

Leni Fiedelmeier
Kauf, Pflege und
Fütterung des Hundes
3. Auflage, bearbeitet und ergänzt
von Robert Dietz. 1983. 55 Seiten mit
25 Abbildungen, davon 22 Fotos.
Kartoniert 14,80 DM

Wie kommt man zu einem Hund? Wie
ernährt man einen Welpen, und wie
macht man ihn folgsam? Auf diese und
andere Fragen gibt die Autorin in
diesem Buch Antwort.

Peter Krall
Der gesunde und
der kranke Hund
10., neubearbeitete Auflage. 1979.
147 Seiten mit 42 Abbildungen im Text
und auf 8 Tafeln. Gebunden 29,80 DM

Hans-Otto Schmidtke
Gesundheitsfibel für Hunde
Ein Ratgeber für Hundehalter. 2., völlig
neubearbeitete Auflage. 1984. 56 Seiten
mit 15 Abbildungen, davon 8 Fotos.
Kartoniert 14,80 DM

Den vollständigen Prospekt »Pareys
Hundebücher« schicken wir Ihnen auf
Anforderung gerne zu.

Preisstand: Januar 1993
Spätere Änderungen vorbehalten

Verlag Paul Parey
Spitalerstraße 12
2000 Hamburg 1